ANKERHERZ

ORKANFAHRT

25 Kapitäne erzählen ihre besten Geschichten

Orkanfahrt. 25 Kapitäne erzählen ihre besten Geschichten
Originalausgabe

Lektorat: Reinhard Helling, Olaf Kanter · Hamburg
Korrektorat: Reinhard Helling, Jerzovskaja
Fotografie Titelbild (Kapitän Helmut Brüning): Achim Multhaupt
Autorenfoto: Suse Walczak
Logo Ankerherz: Jerzovskaja
Einband- und Buchgestaltung: Jerzovskaja
Satz, Bildbearbeitung und Druckvorstufe: Jerzovskaja
Druck und Bindung: Friedrich Pustet, Regensburg

Bibliografische Information der Deutschen Nationalbibliothek
Die Deutsche Nationalbibliothek verzeichnet diese Publikation in der Deutschen Nationalbibliografie; detaillierte bibliografische Daten sind im Internet unter http://dnb.ddb.de abrufbar.

Ankerherz Verlag - Julia Krücken - Appel
info@ankerherz.de
www.ankerherz.de

ISBN 978-3-940138-00-2

Tag für Tag weht an uns vorbei, bringt das Boot in den Wind.
Und ein Kuss und ein Tag im Mai, sei nicht traurig, mein Kind.
So viele Jahre und so viele Sterne ist es wohl her,
seit wir draußen sind auf dem Meer.

Übers Meer · Rio Reiser

Stefan Krücken

wurde 1975 in Neuss geboren. Schon als Kind wollte er Reporter werden. Er arbeitete als Polizeireporter für die *Chicago Tribune*, volontierte beim *Kölner Stadt-Anzeiger* und ging dann zur Zeitschrift *Max*. Seine Reportagen handeln von Bergleuten auf Spitzbergen, von Strandfußballern in Rio oder den Hooligans von Glasgow. Krücken schreibt für Magazine wie *Max*, *Stern* und *mare*. Er ist verheiratet und lebt mit zwei Kindern in einem Dorf bei Hamburg.

Achim Multhaupt

wurde 1967 in Dortmund geboren. Er studierte Fotodesign an der dortigen Fachhochschule. Für seine Diplomarbeit unter Professor Arno Fischer und Gerd van Rijn fotografierte er den Blues in den schwarzen Vierteln von Chicago. Multhaupts Fotos wurden in Galerien in Hamburg und Köln ausgestellt. Seine Schwerpunkte sind Porträtfotografie und Bildjournalismus, er arbeitet für nationale und internationale Magazine. Er lebt in Hamburg.

Jerzovskaja

wurde 1971 als Kai Jerzö in Zürich geboren. Er hat ein Lehramt in den Fächern Kunst/Zeichnen/dreidimensionale Gestaltung, lebt in Zürich und arbeitet seit 1997 als selbstständiger Illustrator, Grafikdesigner, Verleger und Ausstellungsgestalter.

INHALT

Leben & Tod

Krieg & Frieden

Liebe

Anhang

1938

Wolfgang Scharrnbeck

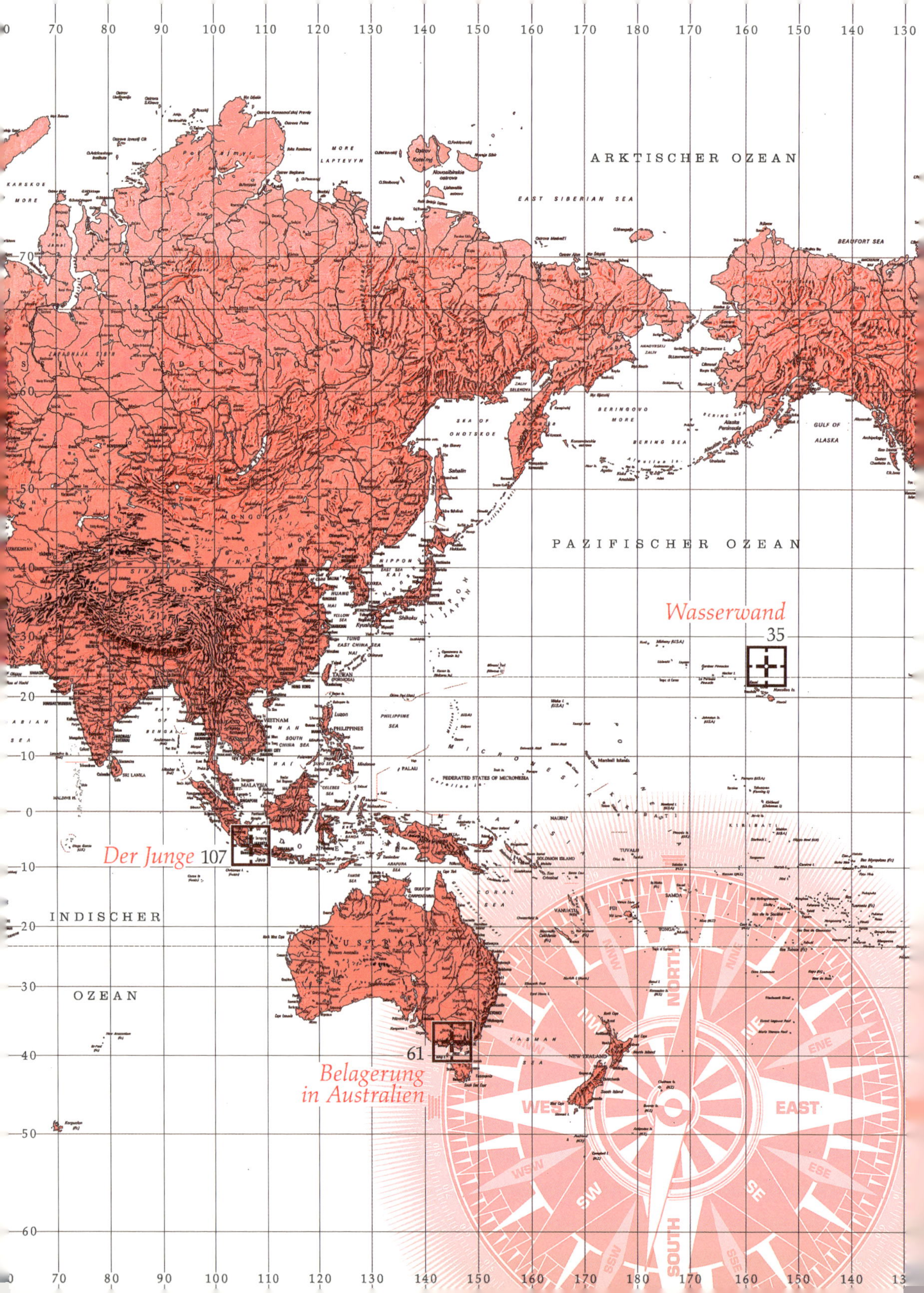
ARKTISCHER OZEAN
PAZIFISCHER OZEAN
INDISCHER OZEAN
Wasserwand
35
Der Junge 107
61
Belagerung in Australien
NORTH
SOUTH
EAST
WEST

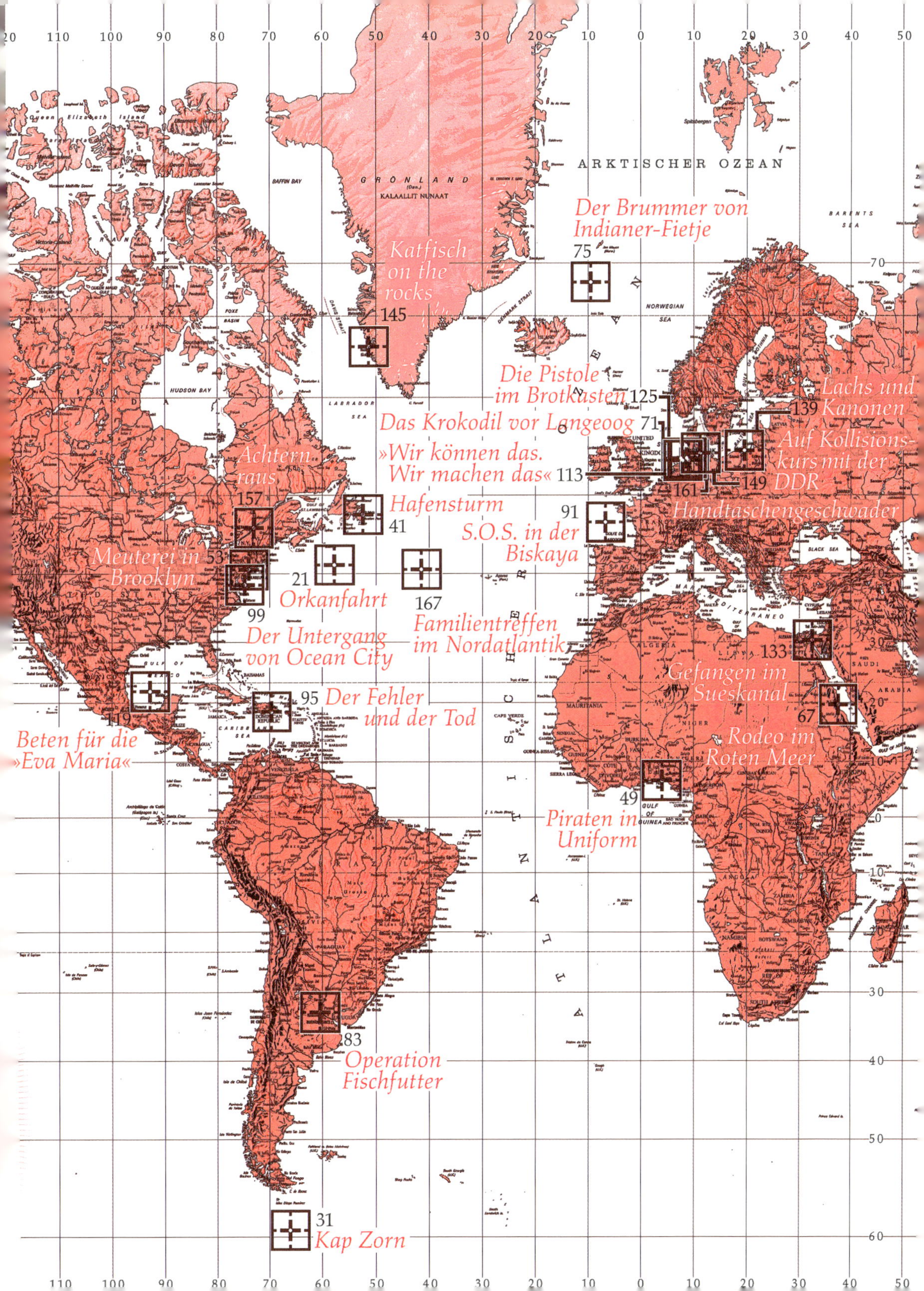
ARKTISCHER OZEAN
GRÖNLAND
KALAALLIT NUNAAT
Der Brummer von Indianer-Fietje
75
Katfisch on the rocks
145
Die Pistole im Brotkasten
125
Lachs und Kanonen
139
Das Krokodil vor Langeoog
71
Auf Kollisionskurs mit der DDR
»Wir können das. Wir machen das«
113
161
149
Achtern raus
157
Hafensturm
41
Handtaschengeschwader
91
S.O.S. in der Biskaya
Meuterei in Brooklyn
53
21
167
99
Orkanfahrt
Familientreffen im Nordatlantik
Der Untergang von Ocean City
133
Gefangen im Sueskanal
95
Der Fehler und der Tod
67
119
Beten für die »Eva Maria«
Rodeo im Roten Meer
49
Piraten in Uniform
83
Operation Fischfutter
31
Kap Zorn

AUS DER MANNSCHAFTSMESSE

In einer Interviewpause, als er mit Kaffee aus der Küche zurückkam, erzählte einer der Kapitäne folgende Episode: Damals in der Karibik, wenn es ihm zu viel wurde, oder wenn er merkte, dass es seiner Mannschaft zu viel wurde, schaltete er das Funkgerät aus. Suchte eine Insel mit schönen Stränden und ließ den Anker werfen. Zum Sonnenbaden und Bier trinken, für zwei Tage, manchmal für mehr.

Erst dann fuhr sein Schiff weiter, und wenn sich jemand von der Reederei erkundigte, was denn bitte los war, antwortete er: schwere See, Probleme im Hafen. Und keine weiteren Fragen, er habe schließlich zu arbeiten.

»Früher war man als Kapitän noch der wahre Chef an Bord«, erzählte er, und es klang wehmütig, »aber heute?«

Um früher soll es gehen, um die Zeit, als noch keine Satelliten und keine Computer die Reisen der Seeleute überwachten. Als es keine Fahrpläne gab, keine minutengenauen Liegezeiten, keine Joysticks auf der Brücke. Als Schiffe noch nicht wie ferngesteuerte Busse mit einer Dauergeschwindigkeit von 25 Knoten über die Ozeane rauschten.

Wir wollen der alten Seefahrt ein Denkmal setzen. Deutsche Kapitäne erzählen, wie sie als Schiffsjungen vor Kap Hoorn in der Takelage froren, wie sie aus Liebe desertierten oder, wenn es nicht anders ging, tausende Tonnen Getreide in einen argentinischen Fluss kippten. Von Stürmen berichten sie, von Monsterwellen, von Stunden zwischen Leben und Tod.

Von gefährlicher Fracht, geheimnisvollen Aufträgen, von Piraten und Schlägereien im Hafen. Von Kerlen wie »Indianer-Fietje« oder »Jimmy Low«, von schweren Fehlern und leichten Mädchen. Sie erzählen von ihrer Liebe zur See und von einer Romantik, die es vielleicht nie mehr geben wird.

Wer alte Kapitäne um ihre beste Geschichte bittet, der muss wissen, worauf er sich einlässt. Man hat mit Männern zu tun, die jahrelang nur die eigene Autorität kannten, oft wortkarge Seeleute, die ein wenig misstrauisch sind und sich selbst nicht so wichtig nehmen. Weshalb es meist ein wenig dauerte, bis sie erzählten. »Wieso wollen Sie das denn so genau wissen?«, diese Frage hörten wir Reporter immer wieder, »ist doch gar nicht so spannend!«

Die Idee zum Projekt kam uns in der *Haifischbar*, einer Kneipe am Hamburger Hafen, im Herbst 2004. Wer erzählt eigentlich die besten Geschichten? Als wir die Antwort fanden, begann die Suche. Gleich der erste Kapitän, der Hamburger Emil Feith, empfing uns mit rauer Herzlichkeit. Um seine *Orkanfahrt* präzise zu rekonstruieren, hatte er eigens seinen alten Reeder angerufen, eine Kopie des Logbuchs und den damaligen Wetterbericht besorgt. Bei Kaffee und Gebäck blätterten wir in seinem Fotoalbum, und er berichtete an mehreren Winternachmittagen, wie er trotz des Ausfalls der Ruderanlage mitten im perfekten Sturm auf dem Nordatlantik überlebte.

Für die Porträts reisten wir von Ostfriesland bis Fischland und von Flensburg bis in die Lüneburger Heide. Fast alle Kapitäne leben heute noch in der Nähe des Meeres. Es ist die Liebe ihres Lebens, die sie nie losgelassen hat. Jede Geschichte ist aus ihrer Sicht erzählt; der Kapitän bekam das fertige Manuskript zur Autorisierung vorgelegt. Jedes Wort soll authentisch sein, jedes Wort dem Kapitän gehören.

Unser Dank gilt allen Kapitänen, für ihre Zeit und Gastfreundschaft. Unser Dank gilt außerdem Nikolaus Gelpke, Chefredakteur der Zeitschrift *mare*, der die Kapitänsgeschichten als Kolumne druckte. Und wir freuen uns über die Kooperation mit der *Deutschen Gesellschaft zur Rettung Schiffbrüchiger (DGzRS)*, deren Vormänner zu den Helden dieses Buchs gehören.

Und nun: Anker auf! ⚓

Stefan Krücken
Lüneburg, im September 2007

Sturm

41° 08' N ++ 57° 49' W ++ im Auge von Hurrikan „Grace" ++ Nordatlantik ++ „MS Svea Pacific" ++ 30. Oktober 1991

ORKANFAHRT

Die »Svea Pacific« gerät in den Hurrikan »Grace«. Mitten im Auge des schlimmsten Sturms seit Beginn der Wetteraufzeichnungen fällt die Ruderanlage des Frachters aus.
20 Meter hohe Wellen rollen auf das Schiff zu.
Kapitän EMIL FEITH berichtet über die längsten Minuten seines Lebens.

Wer so lange zur See gefahren ist wie ich, erkennt einen Sturm an seinem Klang. Bis 9 Beaufort ist es ein Brüllen, ab 11 Beaufort ein Stöhnen. Je stärker ein Sturm, desto tiefer seine Stimme, das ist die Regel. Was ich jetzt auf der Brücke der *Svea Pacific* höre, macht mir Sorgen. Von draußen dringt ein schwingender Ton herein, ein dumpfes Brummen, wie von einer gewaltigen Orgel.

Der Nordatlantik ist so aufgepeitscht, dass man vor der Scheibe nur noch eine graue Wand sieht. Gewaltige Brecher krachen aufs Deck, das Schiff erzittert unter jedem Schlag, arbeitet schwer in seinen Verbänden. Der Stahl schreit regelrecht, wie ich es noch nie in meinem Leben gehört habe.

Manche Wellen sind 20 Meter hoch, sie heben und senken die *Svea Pacific*, einen Massengutfrachter von 2509 Bruttoregistertonnen, 88 Meter lang, 15,5 Meter breit, wie ein Spielzeug. »Herr Kapitän, gehen Sie bitte schnell in den Salon«, ruft der Erste Offizier, der gerade auf die Brücke kommt. Ich übertrage ihm das Kommando und nehme die Treppe. Der Salon liegt ein Deck tiefer, darin ein Konferenztisch, Metallstühle, die in den Boden geschraubt sind, ein Fernseher, die Wände sind mit braunem Resopal getäfelt.

Vor den Fenstern hat sich die Mannschaft versammelt und starrt hinaus, obwohl es nichts zu sehen gibt. 13 Mann, alle stammen von den Philippinen. Sie tragen Rettungswesten. Ihre Gesichter sind bleich vor Angst, einige wirken abwesend, wie betäubt. Der Zweite Offizier, er heißt Garcia, zeigt keine Reaktion, als ich ihm meine rechte Hand auf die Schulter lege. Sie fürchten um ihr Leben, und damit liegen sie nicht einmal falsch. Ich bin auch nicht sicher, ob wir die nächsten Stunden überleben werden.

Da fällt mir eine Kassette ein, die mir meine Frau Siggi mitgegeben hat: Country-Musik, die höre ich so gerne, Johnny Cash. Ich drehe die Musik so laut auf, wie es nur geht. Johnny Cash singt:

How high's the water, mama? / Two feet high and risin' / How high's the water, papa? / Two feet high and risin'

Ich pfeife dazu die Melodie, als liefen wir an einem Sommertag durch ruhige See und nicht mitten durch die Vereinigung eines furchtbaren Tiefdruckgebiets mit dem Hurrikan *Grace* – eine Konstellation, die manche Meteorologen später »Monsterorkan« oder »Jahrhundertsturm« nennen werden. Sogar Hollywood hat einen Film darüber gedreht, *Der Sturm* mit George Clooney in der Hauptrolle; sehr realistisch übrigens, ich habe mir das auf Video angesehen.

»Ach was Männer, stellt euch nicht so an«, brumme ich und versuche, so gleichgültig wie möglich zu klingen, »ihr müsst erst mal im Winter durch die Biskaya fahren, da habt ihr jeden Tag so ein Wetter!«

In dem Moment kommt der Erste Ingenieur Thode herein – ohne Rettungsweste, wie ich erleichtert feststelle – und nickt mir zu. Er fragt auf Deutsch: »Käpten, mal ehrlich, meinen Sie, dass wir es schaffen?« Chief Thode ist groß und stämmig gebaut, mit einem dichten Vollbart im Gesicht, er sieht aus wie der kleine Bruder eines Grizzlybären. Er fragt und grinst dabei, als habe er gerade einen schmutzigen Witz erzählt, denn die Mannschaft darf bloß nichts mitbekommen. Eine Panik ist das Letzte, was wir jetzt gebrauchen können.

Ich lächle zurück: »Chief, sieht nicht gut aus.«

Thode dankt, dann sagt er auf Englisch zur Crew: »Der Kapitän hat Recht, in der Biskaya ist es noch schlimmer.« Dann grinsen wir beide um die Wette. In Hollywood hätte das Clooney auch nicht besser hingekriegt.

Als Kapitän muss man manchmal Schauspieler sein, das gehört zum Beruf. Meine wahren Gefühle darf ich nicht zeigen: Ungewissheit, Zweifel, davon soll keiner etwas merken. Um es ganz klar zu sagen: Ich glaube von Minute zu Minute weniger daran, dass wir diesen Sturm überstehen.

Seit dem 19. Oktober 1991 sind wir nun auf See, ausgelaufen von Houston in Texas, mit 3393 Tonnen Baustahl an Bord. T-Träger für Liverpool, ein Hochhaus soll damit gebaut werden. Bis hinauf zur Lukenabdeckung sind die Laderäume gestaut, zum Glück. Denn egal, wie stark sich das Schiff auf die Seite legt, die Ladung kann nicht kippen, nicht »übergehen«, wie man in der Seefahrersprache sagt.

Nach einer Woche erreicht uns die Nachricht, dass sich der Hurrikan *Grace* hinter uns mit hoher Geschwindigkeit nähert. Mit voller Kraft laufen wir vor ihm her, verfolgt von seinen Wellen, als unser Funker am Morgen des 27. Oktobers noch ein gewaltiges Sturmtief meldet. Es vergrößert sich nahe Neufundland und bewegt sich mit 33 Knoten nach Südwesten. Den Berechnungen nach würde es zwar unseren Kurs kreuzen, aber ein ganzes Stück vor uns durchziehen.

28. Oktober, 6 Uhr. Alles anders, als Wetterbericht und Berechnungen versprochen hatten. Das Sturmtief nähert sich viel langsamer, mit einer Geschwindigkeit von nur noch fünf Knoten in der Stunde. Eine erschreckende Nachricht: Wir laufen also mitten hinein in den gewaltigen Sturm.

Mein ganzes Leben fahre ich zur See, seit 1952, da war ich 16. Als Kapitän habe ich Schiffe jeder Größe befehligt. Vor Monrovia wurde mein Frachter einmal von Piraten überfallen, in Madagaskar gerieten wir mitten in eine Revolution; im Hafen von Lagos habe ich mehrere Leichen vorbeitreiben sehen. Einmal hat mich ein Taifun erwischt, Kurs Honolulu, und zwar so heftig, dass sich die chinesische Mannschaft vor Panik in ihren Kabinen einschloss. 24 Stunden bevor die Taifun-Warnung der Wetterberatung eintraf, hatte ich aus einem komischen Gefühl heraus den Kurs um 180 Grad geändert. In der modernen Seefahrt werden die Schiffe – ähnlich wie Flugzeuge in der Luftüberwachung – von Seewetterämtern über die Meere gelotst, die Reedereien geben dafür viel Geld aus. In unserem Fall aber kam die Warnung viel zu spät, und ohne den radikalen Kurswechsel wären wir verloren gewesen.

Mich kann so schnell nichts beunruhigen, aber als ich den Wetterbericht studiere, zieht es mir den Magen zusammen.

28. Oktober, 14 Uhr. Der Sturm schickt seine ersten Boten, die Dünung nimmt stetig zu. Unser Schiff beginnt stark zu rollen, 20 Grad nach Backbord, 20 Grad nach Steuerbord. Die *Svea Pacific* ist ein solides Schiff, das alles laden kann: Erz, Stahl, Container. Aber sie ist Baujahr 1980, was für einen Bulkcarrier, der stark beansprucht wird, ziemlich alt ist. Obendrein ist sie reif für die Werft; die Luken sind nicht mehr ganz dicht.

Ich gebe Anweisungen, das Schiff für den Sturm klarzumachen. Alle Bullaugen werden geschlossen, was noch an Deck, in der Küche oder der Messe herumliegt, wird verstaut. Der Maschinenraum wird abgeschlossen; ab sofort darf ihn nur noch der Chief betreten. Man nennt das »wachfreien Betrieb«, die Maschine wird dann von der Brücke aus gefahren. Am Abend brist der Wind aus südwestlicher Richtung auf, Windstärke acht, zunehmend. Die Wellen sind bereits an die acht Meter hoch. Ich lasse die Deckbeleuchtung einschalten und die ganze Nacht brennen, um im Schadensfall sofort reagieren zu können.

29. Oktober, 12 Uhr. Schwerer Sturm, mindestens 11 Beaufort. Das Barometer fällt weiter, unter 1000 Millibar, was bedeutet, dass der Orkan an Stärke weiter zunehmen wird. Schwere Brecher schlagen von steuerbord über das Deck und die Luken, ich muss den bisherigen Kurs aufgeben und beidrehen. Wir laufen jetzt frontal gegen die Wellen, mit einer Geschwindigkeit, die so weit reduziert ist, dass die *Svea Pacific* gerade noch steuerfähig bleibt: Man legt sich mit dem Bug in den Wind und bietet möglichst wenig Angriffsfläche, wie ein Pfeil. Den Sturm »abreiten« nennt man das.

Am Nachmittag messen wir Orkanstärke 12, nun ist es, als fahre man durch einen Suppenkessel. Die Wellen kommen in merkwürdig kurzen Abständen; je kürzer die Periode ist, desto größer auch die Wahrscheinlichkeit, dass sie brechen. Sie prügeln auf uns ein wie Fäuste aus Wasser. Der Ozean spielt mit uns, wirft uns hin und her, so geht das in den Abend und weiter, die ganze Nacht.

Jeder, der nicht auf der Brücke seinen Dienst verrichtet, hält sich in diesen Stunden irgendwo fest; man versucht, sich gegenseitig Mut zu machen. Es ist auch ein Nervenspiel. Normale Mahlzeiten werden nicht mehr eingenommen, der Smutje öffnet ein paar Konservendosen, Fisch, Ananas, Corned Beef, solche Sachen. Als Kapitän ist man sowieso die ganze Zeit auf der Brücke. Ich trinke Kaffee, kannenweise Kaffee, und knabbere einen Schokoladenriegel nach dem anderen, das gibt Energie und beruhigt die Nerven.

30. Oktober, gegen 11 Uhr, Position 41° Nord und 57° West: Das Barometer ist auf 985 Millibar gefallen, seit Stunden Windstärke 12, weiter zunehmend. Ich frage mich, wie lange die *Svea Pacific* das noch aushält, denn durch die Stahlladung ist das Schiff »steif«, was bedeutet, dass sich die Stahlhülle nicht verformen kann. Eigentlich ist es nur eine Frage der Zeit, bis Risse entstehen. Ich denke gerade wieder darüber nach, da bemerke ich, dass wir deutlich Schlagseite nach backbord haben.

Ein Riss?

Oder ein Leck?

In jedem Fall ein Albtraum, und der Erste Offizier Monongson und Bootsmann Quiros machen sich bereit, an Deck zu prüfen, wie viel Wasser sich schon im Inneren der *Svea Pacific* gesammelt hat. Monongson ist mein Stellvertreter, Quiros das ranghöchste Mitglied der Mannschaft, deshalb fällt die Wahl auf die beiden.

Sie seilen sich für ihre Expedition nach draußen an. Für die Peilung müssen sie einen Stab, der mit Kreide überzogen ist, durch Rohre in die Ballasttanks zwischen Bordwand und Laderäumen hinablassen. Die Tanks sind dafür konzipiert, dass man sie je nach Ladung fluten kann, um das Gewicht auszugleichen; die *Svea Pacific* verfügt also über zwei Hüllen.

Das Schiff rollt so stark, dass es beinahe unmöglich ist, Halt zu finden; eine Welle kann die Männer jeden Moment erfassen, sie an der Reling erschlagen oder gegen einen Aufbau schmettern. Die Sicht: gleich Null. Wind und Gischt nehmen einem den Atem. Jemanden bei diesem Wetter an Deck zu wissen, ist so ziemlich das Schlimmste, was es für einen Kapitän gibt.

Wir sehen sie nur schemenhaft. Minuten vergehen. Dann geben sie ein Zeichen, man zieht sie an der Sicherheitsleine ins Schiffsinnere zurück. Mit fürchterlichen Neuigkeiten: Wir haben tatsächlich ein Leck, backbord an der Bordwand, vermutlich unterhalb der Wasserlinie. Mehr als 900 Tonnen Wasser, das errechne ich rasch anhand einer Tabelle, sind bereits in die Ballasttanks eingedrungen.

Ich rufe Chief Thode im Maschinenraum und lasse die zwei Pumpen in den Tanks anwerfen. Wir warten. Minuten später ist klar, dass es die Pumpen schaffen, den Pegel zumindest konstant zu halten. Sonst wären wir bereits gesunken.

30. Oktober, 14 Uhr. Der Sturm flaut ganz plötzlich ab. Von einer Minute auf die andere ist es beinahe windstill, eine unheimliche Atmosphäre. Die Wellen türmen sich noch immer hoch wie Häuser, aber sie sind nur leicht gekräuselt. Tausende Seevögel schwimmen auf dem Wasser, Gänse, Möwen, ihre Schreie sind auf der Brücke zu hören, der Himmel schimmert grau und dunstig; diffuses Licht, als befänden wir uns unter einer Kuppel aus Milchglas.

Wir sind im Auge des Orkans.

Eine erneute Peilung ergibt, dass die Laderäume noch immer fast trocken sind, eine gute Nachricht. Nach meiner Berechnung können wir noch maximal 150 Tonnen Wasser aufnehmen, dann sind wir zu schwer.

Etwa eine Stunde fahren wir mit voller Maschinenkraft weiter, dann ist der Sturm wieder da, beinahe mit einem Schlag, als habe man ein gewaltiges Gebläse auf volle Kraft gestellt. Wir sind zurück im Inferno, der Wind brüllt aus nordöstlicher bis südsüdwestlicher Richtung, die Wellen türmen sich mehr als 20 Meter hoch. Hoffentlich halten die Pumpen durch.

Mühsam muss ich immer wieder beidrehen lassen, wenn die *Svea Pacific* von den Wellen abgedrängt wird. Der Rudergänger klammert sich ans Steuer, das an das eines Flugzeugs erinnert; für alle an Bord ist es anstrengend, sich die ganze Zeit irgendwo festzuhalten, um nicht quer durch den Raum geschleudert zu werden.

15.45 Uhr. Wir empfangen ein S.O.S. Ein Frachter in Seenot, ein 9000-Tonnen-Schiff, mehr als doppelt so groß wie die *Svea Pacific*. Eine Welle hat die Brücke eingeschlagen. Nach dem Seerecht ist jedes Schiff dazu verpflichtet, sofort zu reagieren. Es sei denn, man ist gerade mit dem eigenen Überleben beschäftigt. Niemand antwortet auf das Mayday, und auch wir können nicht helfen.

30. Oktober, 16.03 Uhr, ich erinnere mich genau an die Uhrzeit. Chief Thode erscheint auf der Brücke, sein Gesicht ist fahl, glänzt vor Schweiß. Er flüstert: »Kapitän, die Rudermaschine verliert Öl. Viel Öl. Wir müssen stoppen.«

»Stoppen? Dann saufen wir ab!«, rufe ich.

»Die Maschine läuft schon heiß. Ich muss auf die Reservemaschine umschalten.«

»Wie lange dauert das?«

»Etwa zehn Minuten.«

Zehn Minuten sollen wir also manövrierunfähig sein, hilflos im schlimmsten Sturm seit Beginn der Wetteraufzeichnung, mitten auf dem Nordatlantik. Wenn die *Svea Pacific* quer zur See treibt, sind wir der vollen Kraft der brechenden Wellen ausgesetzt. Selbst Supertanker geraten in einer solchen Situation in ernste Schwierigkeiten. Ein Teil des Decks oder die Luken werden aufgeschlagen, das Schiff läuft in kürzester Zeit voll.

Aber welche Wahl haben wir noch?

»Okay Chief, versuchen Sie es.«

Er nickt und eilt zum Maschinenraum. Was nun folgt, sind die längsten Minuten meines Lebens. Angst? Empfinde ich nicht, ganz ehrlich nicht. Ich will jetzt nicht angeberisch klingen, aber Angst hatte ich noch nie in meinem Leben. Das muss ein Genfehler sein. Ich saß zum Beispiel mal in einer *Boeing 747* auf dem Weg von Addis Abeba nach Rom, als das Flugzeug stark an Höhe verlor, als stürze es ab. Panik brach aus, nur der Erste Offizier der damaligen Reise, der neben mir saß, blieb auch ganz ruhig. Wir haben uns angesehen und schnell eine Flasche *Chivas Regal* geöffnet, aus dem Duty Free. Während alle um uns herum weinten und schrien, leerten wir die Flasche mit großen Schlucken.

Die Minuten vergehen so langsam, als sei die Zeit verklebt. Ich denke an nichts, mein Hirn ist wie abgeschaltet, ich starre nur hinaus und beobachte, was der Sturm mit uns treibt. Ganz langsam schiebt sich die *Svea Pacific* quer zur See. Ich überlege kurz, meine Frau Siggi ein letztes Mal über das Satellitentelefon anzurufen, aber ich lasse es sein. Sofern ich überhaupt eine Verbindung bekomme, wird sie mein Anruf nur beunruhigen, ach was, er wird sie verrückt machen vor Angst. Ich melde mich von unterwegs sowieso nur ganz selten, immer dann, wenn wir einen Hafen angelaufen haben. Zuletzt habe ich sie aus Texas angerufen.

Ich schreibe lieber lange Briefe, aber wo genau ich bin, soll sie nicht wissen. Ich will nicht, dass sie sich unnötig Sorgen macht.

Immer weiter dreht das Schiff zur See. Ein gewaltiger Wasserberg kracht aufs Deck, das Schiff erzittert. Kein Schaden. Aber wie lange geht das noch gut?

Da erscheint Chief Thode wieder auf der Brücke, er ist außer Atem, aber er strahlt, er schreit vor Glück:

»Kapitän, Rudermaschine läuft!«

»Okay«, erwidere ich, »da haben wir ja Glück.«

Wir sind gerettet, fürs Erste. Aber mehr Gefühl erlaube ich mir nicht, man muss ja sein Gesicht wahren. Das ist eben meine Art, ich tanze nicht herum vor Freude, egal, wie froh ich bin.

Es dauert einige Minuten, bis der Bug der *Svea Pacific* wieder genau in die See zeigt, und nun wagen der Chief und ich etwas, das uns sonst niemals einfallen würde: Wir genehmigen uns einen großen Schluck Scotch, *Johnny Walker, Black Label.* Nie wieder hat mir ein Drink so gut geschmeckt wie in diesem Augenblick.

Nach einigen Stunden ebbt der Sturm auf Stärke 8 ab, was noch immer kein Vergnügen ist, aber nach dem, was wir hinter uns haben, erscheint es fast harmlos. Meine Sorgen gelten den Pumpen, die den Wassereinbruch in den Ballasttanks konstant halten müssen, doch sie laufen weiterhin tadellos.

8. November, kurz nach 23 Uhr. Wir erreichen in stürmischer See die Schleuse von Birkenhead bei Liverpool. Kurz vor Mitternacht machen wir am Victoriadock fest. Ich gehe über die Gangway und untersuche die *Svea Pacific* mit dem Handscheinwerfer. Der Orkan hat die Farbe vom Schiff geschlagen, an vielen Stellen sieht man den nackten Stahl. Wir müssen selbst im Hafen die Pumpen weiterlaufen lassen, so groß ist der Riss unterhalb der Wasserlinie.

Was alles geschehen ist, kann ich erst viel später verarbeiten. Mich erwartet der übliche Stress, der jedem Kapitän bevorsteht, wenn sein Schiff in einen Hafen einläuft. Erst kommt die Immigration, dann der Zoll, dann die Hafenbehörde, dann das Gesundheitsamt. Zusätzlich erhalten wir Besuch von der Versicherung, weil die Ladung Seewasser abbekommen hat. Sie ist nur noch als Schrott von Wert: Die T-Träger dürfen nun nicht mehr im Bau eingesetzt werden, weil das Salzwasser sie rosten lässt. Das wird später noch Ärger geben, ganz klar. Aber in diesem Moment ist es mir ganz egal.

Wir haben überlebt. ⚓

Kapitän Emil Feith, *Jahrgang 1936, kam in Tallinn zur Welt. Die Flucht in den Westen endete im bayrischen Weilheim. Mit 16 Jahren stieg der Vollwaise in einen Zug nach Hamburg und heuerte als Schiffsjunge an. Seine erste Reise führte ihn 1952 an Bord des Küstenmotorschiffs* Rügen *nach Finnland. Feith durchlief die klassische Karriere vom Moses zum Kapitän. 1973 übernahm er sein erstes Schiff. Es folgten Stückgutfrachter und Containerschiffe jeder Größe. Feith lebt in Hamburg.*

A I C H
ST MALO

59° 24' S ++ 66° 17' W ++ im Orkan vor Kap Hoorn ++ Viermastbark „Priwall" ++ im Juli 1939

KAP ZORN

Seit Wochen schon tobt der Sturm. Die Kälte lässt Finger aufplatzen. Durch die Schlafkammern schwappt eisiges Wasser, und an Deck sind Leichennetze gespannt.
HANS PETER JÜRGENS erfährt auf der letzten Frachtreise der Viermastbark »Priwall«, warum Gott Kap Hoorn im Zorn erschuf.

Auf meiner ersten Reise erfuhr ich, dass einem auf See manchmal keine Zeit für Albträume bleibt. Dass es eine Form der Erschöpfung gibt, in der das Unterbewusstsein das Kommando übernimmt. Wenn die Fingerbeugen vor Kälte und Anstrengung aufplatzen und einem das nasse Ölzeug den Nacken und die Handgelenke aufscheuert. Es ist nun 67 Jahre her, aber ich erinnere mich an diese Erfahrungen, als sei alles gestern passiert.

Mein Vater, selbst Kapitän, hatte mich als Schiffsjungen auf der *Priwall* untergebracht, einer Viermastbark von 98,5 Metern Länge und 14,4 Metern Breite. Am 16. Mai 1939 – es war ein sonniger Nachmittag – liefen wir in Hamburg aus, mit Koks, Kali und Stückgut an Bord. Eine eigene Welt erwartete mich in den Mannschaftsunterkünften und der nach hinten offenen Back mit den Toiletten und der Zimmermannswerkstatt.

An die Routine an Deck gewöhnte ich mich rasch. Ich weiß noch, wie es mich faszinierte, als ich zum ersten Mal in der Takelage der 56 Meter hohen Masten stand. Diese Weite, diese unendliche Tiefe, in der das Schiff unter den Füßen so klein und schmal erscheint. Delfine, von Seeleuten auch Schweinsfische genannt, begleiteten die *Priwall*, als ich zum ersten Mal allein die Gordinge der Rahen des Kreuzmastes abwärts überholen musste. (Gordinge sind dünne Taue zum Aufgeien der Segel.) Das waren Momente voller Magie.

Aber um es klar zu sagen: Mit den romantischen Vorstellungen, die eine Parade von Großseglern während eines Hafengeburtstags auslösen kann, hatte unser Alltag nichts zu tun. Eher mit heute nicht mehr denkbaren Arbeitsbelastungen. Wir Jungen, ganz weit unten in der Bordhierarchie, wurden vielfach zu Opfern der Willkür von Matrosen, vor allem während der Nachtwachen im Passatwind. Dazu gehörte, uns mit schweren Holzteilen oder gefüllten Wassereimern zu ihrem Vergnügen auf und ab marschieren zu lassen. Beschweren konnten wir uns ja nirgendwo. Aber wir rächten uns, indem wir einen der Quälgeister, als er während einer lauen Nacht an Deck schlief, an eine Reservespiere fesselten und in die Höhe zogen. Da hing er nun und konnte über sein Tun nachdenken.

Einmal gelang es uns, einen großen Hai zu angeln und an Bord zu hieven, der die *Priwall* und unseren Köder aus Salzfleisch stundenlang verfolgt hatte. Was in den nächsten Tagen half, die Mahlzeiten aus Hülsenfrüchten, Salzgemüse und Salzfleisch – unsere Verpflegung schmeckte, als habe sie bereits mehrfach den Äquator überquert – zumindest ein wenig zu verbessern. Hunger spürten wir eigentlich immer.

Schon auf der Ausfahrt Richtung Kap Hoorn hatte die *Priwall* einiges erlebt: Nebel im Ärmelkanal, eine schier endlose Flaute in der Schwüle der Kalmen. Als wir begannen, die leichten Passatsegel gegen widerstandsfähige Schwerwettersegel zu wechseln, wusste jeder an Bord, dass uns nun die stürmischen Breitengrade bevorstanden, die berüchtigten »Roaring Forties«. An Deck und über dem Schanzkleid wurden zur zusätzlichen Sicherung Taue und Netze gespannt, die im Bordjargon »Leichennetze« hießen.

Mitte Juli überquerten wird den 50. Breitengrad. Aus Ölzeug und den schweren Lederseestiefeln kamen wir nun nicht mehr heraus. Heftige Stürme setzten uns zu. Einer nach dem anderen, es nahm kein Ende. Unser Kapitän sagte, dass Gott diese See im Zorn erschaffen habe, und das traf es genau. Wir erlebten Windstärken, die den Männern in den Rahen buchstäblich den Atem nahmen, und Seen, die das Schiff komplett überschwemmten.

Am 21. Juli passierten wir Kap Hoorn, weitab im Süden, jenseits des 58. Breitengrads. Die schweren Stürme aus West steigerten sich zum Orkan. Bis auf die Haut durchnässt und steif vor Kälte lagen wir im Schneesturm und im Hagelschlag auf den Rahen, um die schlagenden Segel zu bergen. Was manchmal nicht gelang, obwohl beide Wachen gleichzeitig im Einsatz waren; mehrere Segel wurden aus den Lieken geweht, wobei die Schotenketten Funken sprühten.

In unseren Schlafräumen schwappte eisiges Wasser hin und her; auch unsere Kojen mit den Matratzen aus Stroh waren völlig durchnässt. Wir waren zeitweilig so erschöpft, dass es uns nur noch mit größter Mühe gelang, überhaupt das Ölzeug auszuziehen. Schlaf? Maximal drei Stunden, die sich anfühlten wie drei Minuten. Oft mussten beide Wachen gleichzeitig in den Kampf mit der hart gefrorenen Leinwand, so machte uns der anhaltende Sturm zu schaffen.

Drei Wochen lang. Dann hatten wir es geschafft. Als letztes Ladung tragendes Segelschiff, das Kap Hoorn im Südwinter von Ost nach West bezwungen hatte – eine Epoche fand damit ihr Ende. Knapp 600 Schiffe waren an diesem Kap verloren gegangen, etwa 10 000 Seemänner umgekommen. Ein Jahr vor unserer Passage war ein vergleichbares Schiff verschollen, die *Admiral Karpfanger*. Man hat nur eine Tür und einen Rettungsring gefunden. Wir blieben von Verlusten verschont. Kleinere Verletzungen? Die zählten nicht. ⚓

Kapitän Hans Peter Jürgens, *1924 in Cuxhaven geboren, fuhr mehr als ein halbes Jahrhundert zur See. Fünf Jahre verbrachte er nach Selbstversenkung des Dampfers* Erlangen *in alliierter Kriegsgefangenschaft, erst in Sierra Leone, später in Schottland und Kanada. 1953 machte er sein Kapitänspatent und fuhr hauptsächlich für die Hansa-Linie Bremen. 1960 ließ er sich als Seelotse in Kiel nieder. Er gilt heute als einer der bekanntesten deutschen Maler maritimer Motive. Jürgens lebt in Kiel.*

Die Priwall, *1945 als chilenisches Schulschiff* Lautaro *bei einem Brand zerstört, hält seit 1938 den Rekord für die Kap-Hoorn-Umrundung unter Segeln: von Ost nach West und von 50 Grad Süd nach 50 Grad Süd in fünf Tagen und 14 Stunden.*

Sirius
London-Cork-Dien

25° 17' N ++ 156° 30' W ++ im Pazifik · nördlich von Hawaii ++ Containerfrachter „TMM San Antonio" ++ im Januar 2000

WASSERWAND

Der Wetterbericht hatte vor einem Sturm von der Größe Westeuropas gewarnt. Containerfrachter »TMM San Antonio« erzittert unter den Schlägen der Brecher. Mit einem Mal ist es ganz still. Und dann rollt die furchtbarste Wasserwand heran, die MANFRED SCHLEIFF in seinem Seefahrerleben gesehen hat.

Zu Beginn jeder Reise habe ich Neptun eine Flasche Schnaps geopfert. Die Marke war ihm egal, doch eine randvolle Flasche musste es sein. Einmal nämlich hatte ich versucht, den Gott des Meeres hinters Licht zu führen und eine angebrochene Flasche über Bord geworfen. Prompt bekamen wir auf der ganzen Tour lausig schlechtes Wetter, direkt von vorne. Ich entschuldigte mich im Stillen und tat es nie wieder.

Auch nach dem Auslaufen aus Manzanillo an der Westküste von Mexiko hatte ich mein Ritual zelebriert. Mit einem besonders guten, alten Whisky, denn tags zuvor hatten wir von den amerikanischen Wetterstationen eine Dringlichkeitswarnung erhalten. Sie kündigten ein ausgeprägtes Tiefdruckgebiet an, das sich von Alaska langsam Richtung Süden schob. Die *San Antonio* war bis auf den letzten Stellplatz beladen mit Containern für Japan, Korea und Hongkong. Acht Lagen stapelten sich allein vor der Brücke; das Schiff lag knapp 13 Meter tief im Wasser.

Unter gutem Schiebewind liefen wir mit mehr als 23 Knoten durch ruhige See. Nach einigen Tagen auf dem Pazifik feierten Mannschaft und Passagiere (unter ihnen meine Frau Elke) nördlich von Hawaii das neue Millennium, vermutlich als einige der Letzten überhaupt, denn wir befanden uns unmittelbar hinter der Datumsgrenze. Es gab ein Barbecue, diverse Salate und einen riesigen Schokoladenkuchen.

Und kurz darauf leider eine Art Nachtisch, der mir überhaupt nicht schmeckte: Die Reederei schickte ein Fax mit der Information, dass unser Schwesterschiff bereits in die Ausläufer des Alaska-Sturmtiefs geraten war und sich in einer Notsituation befand: Wasser war ins Vorschiff eingedrungen, nachdem schwere Brecher eine große Einstiegsluke weggerissen hatten.

Mein Kapitänskollege fuhr einen nördlichen Kurs, der einen theoretisch zwar schneller ans Ziel brachte, im Falle eines Sturms aber gefährlicher war. Aus Erfahrung und nach dem Studium von Wetterdaten der letzten Jahre hatte ich mich für die südliche, weniger risikoreiche Route entschieden. Als ich das nächste Fax bekam, war ich froh über meine Entscheidung: Das Satellitenbild zeigte einen Orkan, der als Kunstwerk durchging, ein Monstrum von der Größe Westeuropas, das mit Windgeschwindigkeiten von 180 bis 210 Kilometer pro Stunde über den Pazifik tobte. Nach der Beaufort-Skala war das etwa Stärke 17.

Am Morgen des 3. Januar 2000 wurde die See »kabbelig«, wie wir Seeleute das nennen. Der Wind kam aus Nord-Nordost, wechselte rasch auf West-Nordwest und nahm an Stärke zu. Ich wies die Mannschaft an, die Container mit zusätzlichen Spannschrauben und Laschstangen zu sichern. Selbst die Flaggenleine ließ ich einholen, denn die kann im schwersten Wetter zu einer tödlichen Peitsche werden. Eine Kreuzkette sollte die Einstiegsluke halten. Aus der Kombüse gab es nur noch Eintopf, weil nun sowieso niemand mehr Appetit verspürte. Die Wellen erreichten bereits Höhen von acht Metern und mehr.

4. Januar, gegen Mittag. Das Wetter war nun so extrem, dass ich mich entschied, den Bug in die See zu legen, was bedeutet, dass das Schiff möglichst direkt in die anrollenden Wellen fährt, um so wenig Angriffsfläche wie möglich zu bieten. Alle Stahlschotten waren dicht, Eisscheinwerfer und alle Hochkerzen voraus ließ ich anschalten, um besser sehen zu können, was auf uns zukam. Beide Radargeräte liefen mit voll aufgedrehter Dämpfung, um die Richtung erkennen zu können, aus der die Brecher kamen. Der Zeiger des Barometers fiel unaufhörlich, und die Luft vermischte sich bereits mit Schaum.

Ich ließ nun Doppelwachen gehen. Selbst hart gesottene Seeleute können inmitten solcher Naturgewalten die Nerven verlieren. Als Kapitän ist man in solcher See natürlich pausenlos auf der Brücke. Koffein hilft einem, das Schlafbedürfnis zu unterdrücken. 30 Tassen Kaffee täglich waren für mich dann ganz normal. Ich will nicht sagen, dass wir Angst spürten, aber mulmig wurde es schon, weil wir merkten, dass der Sturm immer weiter aufdrehte. Die Wellen erreichten bereits zehn Meter und mehr. Der Dampfer zitterte unter den Schlägen der Brecher, holperte durch die See wie ein Leiterwagen auf grobem Kopfsteinpflaster. Kreischende, fürchterlich quietschende Geräusche waren zu hören, ein schabender, schriller Klang, wie von tausenden Stahlschaufeln auf Beton.

Warum steigert sich das Drama eigentlich so oft in der Nacht? Der Sturm wurde – so kam mir das vor – immer dann am bedrohlichsten, wenn es dunkel wurde. Gegen Mitternacht, es war der 5. Januar, begann die See regelrecht zu kochen. Zwischen See und Luft war nun kein Unterschied mehr zu erkennen. Nun ging es nur noch darum, das Schiff steuerfähig zu halten.

Die nächsten Stunden kämpften wir uns durch das Inferno, mit höchster Konzentration. Wenn das Schiff unter solchen Bedingungen querschlägt, hilft nur noch ein Gebet. Wir ritten die Wellen ab, jede einzelne, indem wir im Wellental ein wenig die Fahrt erhöhten und sie auf der Spitze der Welle drosselten. So konnten wir vermeiden, dass der Bug zu tief ins Wasser schnitt und nicht wieder auftauchte – eine der größten Gefahren für jedes Schiff und Ursache für zahlreiche Verluste.

Dann wurde es plötzlich ganz still. Die Natur schwieg, als habe man den Ton abgestellt. Der Orkan hatte mit einem Schlag nachgelassen, wie auf Knopfdruck. Wie war das möglich? Ich öffnete langsam das Stahlschott an Steuerbord. Tatsächlich: absolute Windstille. Und ein leises Zirpen, das langsam anschwoll. Ein Geräusch, als wenn Milliarden Libellen mit den Flügeln schlagen. Ein Surren, ein Sirren.

Wirklich unheimlich.

Das Geräusch wurde zu einem Brüllen. Und dann sahen wir in etwa zwei Meilen Entfernung diese furchtbare Wand.

Von der Wasserlinie bis zur Radarspitze am Mast maß die *San Antonio* 58 Meter. Ich erwähne das, weil ich hinterher versuchte, anhand der Perspektive zu errechnen, wie hoch das Ungetüm war, dessen Anblick uns den Atem nahm. 32 Meter? 35, vielleicht sogar mehr? Eine tiefschwarze Mauer aus Wasser, an ihrer Spitze mit einem weißen Rand. Eine Monsterwelle, wie ich sie nie zuvor gesehen hatte.

Ich stand am Maschinentelegraf und erhöhte sofort die Fahrt. »Bleib ganz ruhig«, rief ich noch dem Rudergänger zu, der seinen Kreiselkompass fixierte, »wir schaffen das!« Was man in einem solchen Moment denkt? Man denkt an gar nichts. Man will nur überleben.

Das Schiff begann zu steigen, in einem Winkel von mehr als 25 Grad. Es dauerte ein paar Sekunden, vielleicht vier, die längsten Sekunden, die man sich vorstellen kann. Ein unbeschreibliches Gefühl. Auf der Spitze der Welle, im weißen Schaumkopf, kurz vor dem Moment, in dem die Schraube frei in der Luft lag, stoppte ich die Maschine. Dann fiel unser Frachter, rutschte hinunter ins Nichts. Wir tauchten ein in die See. Wenn wir nur fünf Knoten Eigenfahrt gehabt hätten, wären wir zu schnell gewesen und damit zu weit ins Wasser geschoben worden, davon bin ich heute überzeugt.

So aber schüttelte sich die *San Antonio* wie ein Boxer, der gerade eine mächtige Gerade abbekommen hat. Auf dem Deck strömten Wassermengen zwischen den Containern, doch es lief ab. Kein Schaden war festzustellen, sogar die Containertürme standen noch. Wir warteten: Kommt noch ein solches Monster? Es rollten noch einige sehr große Wellen auf uns zu. Ich hielt das Schiff weiter direkt in den Sturm. Wir hatten das Schlimmste überstanden. In den nächsten 24 Stunden flaute der Orkan ab.

Wenn dann die Anspannung weicht, wenn die Wirkung des Adrenalins nachlässt, fühlt man sich wie nach einer Betäubung. Wir stellten fest, dass wir uns während des Sturms mit einer Geschwindigkeit von zwei Knoten bewegt hatten. Rückwärts. Als wir wieder volle Fahrtstufe laufen konnten, verabschiedete ich mich von der Brücke. Ich ging auf meine Kabine, nahm meine Frau Elke in den Arm und legte mich schlafen.

Die Flasche alten Whiskys, die ich Neptun spendiert hatte, war wieder eine gute Investition gewesen. Ohne Schaden liefen wir in Yokohama ein. Übrigens nur mit einer kleinen Verspätung. ⚓

Kapitän Manfred Schleiff *wurde 1936 im Ostseebad Zoppot nahe Danzig geboren. 1945 floh er mit seiner Familie nach Stade bei Hamburg. Nach Besuch der Schiffsjungenschule begann seine Ausbildung bei der Hapag. Schleiff fuhr mehr als 32 Jahre lang als Kapitän für die Transeste Schiffahrts GmbH. Der Reserveoffizier der Bundesmarine befehligte weltweit Schiffe unter deutscher Flagge. Noch heute bildet Schleiff, der 2001 in Ruhestand ging, andere Kapitäne an einem Simulator für Großcontainerschiffe aus. Er lebt in Buxtehude.*

47° 33' N ++ 52° 42' W ++ Hafen von St. John's · Neufundland · Kanada ++ Kreuzfahrtschiff „MS Europa" ++ Oktober 1992

HAFENSTURM

Weil der enge Hafen von St. John's zur tückischen Falle werden kann, hat UWE BECH die Wetterdaten genau studiert. Doch dann rast ein Sturm auf die »Europa« zu. Es dauert nicht lange, bis die erste Leine reißt. Für das Kreuzfahrtschiff beginnt eine Nacht voller Gefahren.

Als ich zum Kapitän des Kreuzfahrtschiffs Europa *berufen wurde, hieß das für* mich, einen neuen Beruf zu lernen. Jahrelang war ich vorher Frachter gefahren, Containerschiffe, einen Lash-Carrier, den seinerzeit größten deutschen Tanker – und nun hieß es, im Smoking auf Galaempfängen zu repräsentieren, Hände zu schütteln, Smalltalk zu pflegen und Passagieren Ehrennadeln anzustecken. Musste ich mich erst dran gewöhnen, hat aber viel Spaß gemacht.

Die Herausforderungen an den Kapitän aber blieben natürlich bestehen, und einige der schwierigsten Stunden meiner Laufbahn erlebte ich ausgerechnet in einem Hafen. Es geschah während einer Reise im Oktober 1992. Wir waren mit der *Europa* von Bremerhaven über die Häfen Port Edgar und Kirkwall (Orkneyinseln) in Richtung Neufundland unterwegs. »Kanada und der Indian Summer« hieß das Motto der Tour. Am 6. Oktober erreichten wir St. John's, einen besonderen Hafen.

Die Einfahrt führt zwischen zwei Felswänden hindurch, »The Narrows« genannt und nur 60 Meter breit. Man muss diese Enge mit Fahrt passieren und sehr achtgeben, denn das Hafenbecken selber ist für ein Schiff vom Format der *Europa* – 200 Meter lang und 28 Meter breit – wirklich eng bemessen. Bevor man dort einlief, beschäftigte man sich immer mit dem Wetter, um nicht in eine Falle zu geraten.

Ich holte also die Vorhersage ein und besprach sie mit dem Lotsen. Zwar war ein Sturmtief angekündigt, doch das sollte erst später eintreffen, wenn wir längst wieder auf See waren. Kein Problem, dachten wir. Ohne besondere Vorkommnisse liefen wir in St. John's ein und machten an Pier Neun fest. Rund die Hälfte der knapp 600 Passagiere ging von Bord, um sich nach der fünftätigen Atlantikpassage in der kleinen, grauen Hafenstadt die Beine zu vertreten.

Einige Stunden später erreichten uns beunruhigende Nachrichten: Der Sturm hatte seine Richtung geändert. Er kam nun viel schneller, stärker und direkt auf uns zu. Ablegen konnten wir nicht, weil noch ein Großteil der Passagiere in der Stadt oder auf organisierten Touren unterwegs war. Wir ließen wegen des zunehmenden Windes zusätzliche Leinen ausbringen: vier Leinen vorne, vier achtern.

Je später es wurde, desto mehr frischte es auf, aus Nordwesten. Der Wind fegte die Straßenzüge hinunter auf uns zu, fast wie in einem Trichter. Von der Brücke aus konnte man sehen, wie er die Ampeln, die quer über die Straßen gespannt sind, hin und her pendeln ließ. Windstärke 7, zunehmend. An ein Auslaufen war nicht zu denken, weil wir nicht mehr gefahrlos »The Narrows« passieren konnten.

Unsere Lage war bedrohlich. Die *Europa* lag quer zum Wind und bot damit eine »Segelfläche« von fast 4000 Quadratmetern. Im Hafenbecken hatten wir kaum Platz zum Manövrieren, und Schlepper – das teilte mir die Hafenverwaltung mit – standen nicht zu Verfügung. Wir brachten mehr und mehr Leinen aus, alles, was das Kabelgatt hergab. Total: 28 Leinen. Als alle Passagiere wieder an Bord waren, wurde die Gangway aufgenommen.

Auf der Brücke befanden sich alle Mann in Alarmbereitschaft, die Maschinen waren klar, und auch der Lotse wurde zur Unterstützung an Bord genommen. Der Sturm wehte inzwischen mit elf Windstärken. Sein Pfeifen mischte sich mit dem Heulen von Sirenen aus der Stadt. Die Ampeln schwangen regelrecht über den Straßen, man sah das Zucken der Blaulichter von Feuerwehrfahrzeugen und Krankenwagen, die zu Einsätzen ausrückten. Ein gespenstisches Szenario.

Sorgen machte mir, dass sich die *Europa* nun bewegte. Erst vor und zurück, dann seitlich von der Pier weg. Trotz der 28 Leinen, die steif gespannt waren. Es war nur eine Frage der Zeit, wann die erste Leine brechen würde. Aus der Maschine beorderten wir zusätzliche Männer an Deck, um im Ernstfall reagieren zu können.

Gegen 21 Uhr hörten wir dann einen Knall. Eine Leine an Achtern war gebrochen. An der Pier konnten wir die *Europa* nicht mehr halten. Zunächst wurden die Achterleinen losgeworfen, woraufhin das Schiff achtern frei schwang. Teilweise geschah dies per Hand. Es musste sehr schnell gehen, damit keine der Leinen in eine der beiden Schrauben geriet. Kritische Minuten.

Der Sturm drückte das Schiff herum, das ja noch an den Vorleinen festlag, der Steven der *Europa* blieb an der Pier. Alle Vorleinen wurden losgeworfen, dann brachten wir das Schiff mithilfe des Bugstrahlruders auf Kurs. Das Manöver gelang. Kontrolliert brachten wir die *Europa* von der Pier.

Über die Lautsprecher hatte ich die Passagiere bereits informiert, dass es nötig war, den Liegeplatz zu verlassen und an einer sicheren Stelle im Hafen den Sturm abzuwettern. Dass mir zu diesem Zeitpunkt etwas mulmig zumute war, hörte man meiner Stimme nicht an, wie man mir hinterher versichert hat. Wir steuerten die *Europa* sehr vorsichtig auf eine Position im Bereich des Fischereihafens, die etwas windgeschützter erschien und warfen zwei Anker mit jeweils 200 Metern Kettenlänge.

Die Untiefen waren nun sehr nahe, achternraus, nur eine halbe Schiffslänge entfernt.

Zusätzlich liefen beide Maschinen mit geringer Fahrt voraus, um die Ketten zu entlasten. Mit dem Bugstrahlruder stabilisierten wir die Richtung des Stevens. So ritten wir im engen Hafenbecken den Sturm ab. Die ganze Nacht lang hielten wir die *Europa* auf Position. Es wurde literweise Kaffee getrunken auf der Brücke, das macht man im Sturm so. Ob es wirklich half?

Am nächsten Tag, es muss gegen Mittag gewesen sein, ließ der Wind etwas nach. Manchmal ist es so, dass der Sturm regelrecht Luft holt, jeder Seemann kennt das. Der Lotse wollte zwar lieber abwarten, aber ich fand, dass es nun an der Zeit war, aus St. John's wegzukommen und keine weitere Zeit zu verlieren.

Anker auf! Es war exakt 13.24 Uhr, am 7. Oktober. Wir drehten das Schiff und liefen mit mäßiger Fahrt zwischen »The Narrows« hindurch auf die offene See. Allgemeine Erleichterung auf der Brücke – wir waren der Falle St. John's entkommen.

Das Meer kochte regelrecht, zehn Meter hohe Wellen, wovon die Passagiere aber dank der Stabilisatoren wenig spürten. Unser Lotse musste noch einen beherzten Sprung wagen, als er bei höherer Geschwindigkeit auf sein Boot übersetzte.

Wir fuhren weiter nach Gaspe, Kanada. Die See beruhigte sich bald, und ich konnte etwas Schlaf nachholen. Der Rest der Reise mit Stationen wie Quebec und Montreal verlief planmäßig und ruhig, und wir erlebten das unvergessliche Farbenspektakel des Indian Summers. ⚓

Kapitän Uwe Bech, *1937 in Hamburg-Altona geboren, stammt aus einer Seefahrerfamilie. Sein Vater war Kapitän in der Hochseefischerei. Bechs erste Reise als Schiffsjunge unternahm er auf einem englischen Erzfrachter. Höchstgeschwindigkeit: sieben Knoten, Baujahr: 1913. »Danach konnte mich nichts mehr erschüttern«, sagt Bech. 14 Jahre lang führte er als Kapitän die alte* Europa *der Hapag und stellte die neue* Europa *in Dienst, die er bis zu seiner Pensionierung fuhr. Manchen gilt das Schiff als »schönste Jacht der Welt«. Bech lebt in Hamburg.*

Piraten & Meuterer

6° 27' N ++ 3° 28' E ++ Hafen von Lagos · Nigeria ++ Frachter „Mare Sarina" ++ Juli 1984

PIRATEN IN UNIFORM

In den Laderäumen befindet sich nur Dosenmilch, doch als es Nacht wird, greifen Banditen an. Dass manche Diebe auch Uniform tragen, stellt PETER ZYLMANN fest, als schwer bewaffnete Polizisten an Bord stürmen.

In den Häfen von Westafrika habe ich nie in der Nähe eines Bullauges geschlafen. Aus Furcht vor verirrten Kugeln. Besonders in Lagos, der Hauptstadt von Nigeria, gehörten Angriffe von Banditen beinahe zum Bordalltag. Vor Kurzem habe ich einen Brief wiedergefunden, den ich im Juli 1984 nach Hause geschrieben hatte. Er beginnt mit den Worten: »Es ist zwei Uhr. Soeben wurde wieder eine Attacke auf unser Schiff abgewehrt.«

Ich war früh schlafen gegangen an jenem Abend. Kurz nach Mitternacht aber wachte ich auf und begann, einen Agentenkrimi zu lesen. Von Zeit zu Zeit sah ich aus den Bullaugen. Eine unheimliche Stimmung da draußen: die Pier hell beleuchtet, darauf parkten einige Laster. Neben den Führerhäusern schliefen die Fahrer, auf dem nackten Beton. Wir hatten die Gangway eingeholt, zwei Sicherheitsleute an Land und einen Mann auf Bordwache postiert. An Bord befand sich immer noch ein Teil unserer Ladung: Dosenmilch.

Die Banditen kamen mit einem motorisierten Einbaum von der Wasserseite. Einem gelang es, die Bordwand zu entern, zwei saßen noch auf dem Boot. Ein Trupp Polizisten aber hatte sie entdeckt und Warnschüsse abgefeuert, worauf der Eindringling über Bord sprang und das Boot in der Dunkelheit verschwand.

Schon vorher hatte es einen Überfall gegeben, bei dem unser Wachmann ein Messer an seinen Rippen spürte. Auch in diesem Fall waren die Angreifer überstürzt geflohen, als die Polizei aufkreuzte. Wir schienen jedenfalls mehr Glück zu haben als ein griechischer Frachter, der direkt vor uns an der Pier lag – auf der *Liza* kam es zwei Tage nach unserer Abreise zu einer Schießerei zwischen Verbrechern und der Marine. Und in unserer Mannschaftsmesse kursierten blutige Storys: Von Überfällen mit Schnellbooten war die Rede, von getöteten Seeleuten; angeblich hatten Piraten einem Offizier sogar die Hand abgehackt.

Wir hatten jedenfalls aufgehört, unsere Dosenmilch nachts löschen zu lassen, weil mindestens so viele Paletten gestohlen wurden, wie auf normalem Wege von Bord gingen. Auch tagsüber war Vorsicht geboten; uns fiel glücklicherweise rasch auf, dass zusammen mit den Arbeitern viele Leute in die Luken stiegen, die dort gar nichts zu suchen hatten. Die einheimischen Wächter erwiesen sich kaum als Hilfe: Sie ließen so ziemlich jeden passieren, der aufs Schiff wollte.

Um Diebstähle im großen Stil zu verhindern, hatten wir die Arbeiter während der Löscharbeiten eingeschlossen und nur unter Bewachung herausgelassen. Als dann trotzdem Hunderte Dosen einfach über Bord flogen und auf der Pier aufgefangen wurden, schlossen wir die Luken. Nun begann ganz anderer Ärger: von einigen Polizisten, die offenbar um ihr Geschäft fürchteten.

Es waren gleich sieben »Ordnungshüter«, die unseren Wachmann niederschlugen und an Bord kamen. Sie verlangten, ich solle ihnen die Laderäume aufschließen. Ich weigerte mich und sagte, dass ich keinen Diebstahl zuließe. Nun wurden sie richtig sauer: Wir hätten von fliegenden Händlern »Souvenirs« gekauft, schrien sie. Wertvolle Holzschnitzereien, die wir an Museen verkaufen könnten. Das sei verboten. Ob ich wüsste, wie hoch die Strafe für Kunstschmuggel war? Dreieinhalb Jahre Gefängnis! Und 5000 Dollar Strafe, mindestens.

Sie schnauzten mich an und fuchtelten mit ihren Schnellfeuergewehren herum; das war wirklich beunruhigend. Dann diskutierten wir in meiner Kabine weiter. Bald war klar, was die »Polizisten« wirklich wollten: Mit einer inoffiziellen Spende von 2000 Mark, so erklärten sie mir, könne man die Angelegenheit aus der Welt schaffen, ohne dass ihre Vorgesetzten jemals etwas davon erführen.

Stunden vergingen. Ich war nicht bereit, auch nur eine Mark zu zahlen – wir hatten zwar einige Andenken gekauft, aber Kunstwerke waren das bestimmt nicht. Die sieben aber wollten nicht gehen. Sie rauszuschmeißen war auch keine Option. Ihre Waffen hatten sie demonstrativ auf den Tisch gelegt. Als Verhandlungsunterlagen dienten Bierdeckel, auf die sie immer wieder neue Zahlen kritzelten. Immerhin sank der Preis im Laufe des Nachmittags.

Irgendwann aber hatte ich genug. Statt Devisen bot ich einige Flaschen feinen Whiskys an. Sie besprachen das Angebot kurz, willigten ein und zogen mit meinem *Ballantines* ab. Ich blieb mit einer Mischung aus Wut und Sorge zurück: Was, wenn die Erpresser in Uniform am nächsten Tag mit der nächsten Forderung ankamen?

Als wir wenige Tage später endlich Lagos verließen und die offene See erreichten, war jeder an Bord erleichtert. Wenigstens für ein paar Stunden – in der folgenden Nacht schauten blinde Passagiere durchs Fenster der Mannschaftsmesse.

Die Geister von Lagos verfolgten uns also weiter, bis in den Hafen von Lomé in Togo. ⚓

Kapitän Peter Zylmann, *Jahrgang 1944, entdeckte als Kind während der Ferien auf der Insel Baltrum seine Liebe zur See. Er begann seine Karriere als Deckjunge und fuhr als Matrose, bevor er 1973 sein Kapitänspatent machte. Während eines Grillabends kam ihm eine Idee: Weil er immer wieder von Freunden gefragt wurde, ob sie ihn auf einer Reise begleiten könnten, gründete er 1986 eine Agentur für Frachtschiffreisen. Frachtschiff-Touristik Kapitän Zylmann gilt heute als einer der Marktführer der Branche. Zylmann lebt in Maasholm an der Schlei.*

40° 39' N ++ 74° 00' W ++ Hafen von New York · Pier an der 21st Street ++ Stückgutfrachter „Stockenfels" ++ im Juli 1972

MEUTEREI IN BROOKLYN

Streit gibt es schon auf dem Atlantik, doch als der Frachter »Stockenfels« im Hafen von New York einläuft, eskaliert der Konflikt zwischen den Offizieren und der Mannschaft. Die Crew aus Pakistan stellt die Arbeit ein.
JAN UWE ANDERSEN muss mit einer Meuterei fertigwerden.

Schon während der Atlantikpassage hatte es einigen Ärger gegeben, als sich meine Offiziere darüber beschwerten, wie langsam und schludrig die Crew arbeitete. Aber dass sich die Mannschaft so beleidigt fühlte, dass daraus eine regelrechte Meuterei werden sollte, mit dem Höhepunkt auf einer Hafenpier in New York? Etwas Ähnliches ist mir auch nie wieder passiert, zum Glück. Auf meinen Schiffen herrschte immer gutes Klima; ich war ein ziemlich geduldiger Kapitän. Wer mag es schon, angebrüllt zu werden?

Zum Hintergrund: Die Bremer Hansa-Linie rekrutierte ihre Crews traditionell in Pakistan. 1971 hatte sich Ostpakistan nach einem blutigen Krieg als Bangladesch für unabhängig erklärt – und nun fehlten in der pakistanischen Hafenstadt Karatschi, wo die meisten Matrosen herkamen, qualifizierte Seeleute. Unsere Besatzung hatte man regelrecht von der Straße aufgelesen, wie ich später erfahren sollte.

Von Beginn an war die Stimmung zwischen dem Ersten Offizier und dem Zimmermann einerseits und drei Anführern der Besatzung andererseits nicht gerade herzlich. Aus Sicht der Offiziere wurde die Arbeit mangelhaft erledigt, die Mannschaft fühlte sich ihrerseits durch die ständigen Beschwerden gegängelt. 47 Mann arbeiteten auf der *Stockenfels*, einem Dampfer von 10 586 Bruttoregistertonnen, 153 Metern Länge und 27 Metern Breite. Ich war in Genua eingestiegen; wir sollten Stückgut und Schwergut in verschiedene Häfen der USA transportieren. Besonders auf New York hatte ich mich gefreut, denn es war immer etwas Besonderes, wenn man an der Freiheitsstatue und Ellis Island vorbeifuhr.

Nun gehörte es zu den Bestimmungen der amerikanischen Behörden, dass vor dem Einlaufen alle Kammern der Crew auf Schmuggelware, Waffen und Rauschgift untersucht werden mussten. Routine, das lief immer so. Nach den Spannungen, die es vorher gab, empfand die Mannschaft die Inspektion aber als Schikane. Zwei Tagesreisen vor New York kam ein Offizier aufgeregt zu mir auf die Brücke und meldete: »Die Matrosen haben die Arbeit niedergelegt!« Streik auf See? Das nennt man Meuterei.

Ich ließ alle in der Brückennock an Steuerbord antreten und hielt eine kurze Ansprache, in der ich erklärte, dass die Inspektion keine Willkür war, sondern wir uns an geltende Bestimmungen der US-Behörden zu halten hatten; ich warnte eindringlich vor den Folgen der Arbeitsverweigerung: Einzug der Heuer, Heimreise, Ende der Arbeit als Seemann, denn man würde die Männer ganz sicher nie wieder beschäftigen. Berechtigte Beschwerden aber, das stellte ich auch klar, würden aufgeklärt. Als aggressiv empfand ich die Atmosphäre dieses Treffens keineswegs; die Crew hörte, was ich zu sagen hatte, ging auf ihre Kojen und legte sich bis zum Einlaufen in New York hin. Die ruhten sich aus, ganz stur! Wie eine Gruppe satter Touristen auf Kreuzfahrt.

Für die Offiziere und nicht-pakistanische Mannschaftsmitglieder – zwölf Europäer befanden sich an Bord – bedeutete der Streik zusätzliche Arbeit. Wir teilten uns auf: Die Offiziere übernahmen Rudergänge und Extrawachen; die Maschinisten halfen bei Decksarbeiten mit oder beim Anlegen. Unser Verwalter stellte sich in die Kombüse, weil auch der Koch in den Ausstand getreten war. Der Dampfer *Stockenfels* lief jedenfalls weiter.

Als wir am 20. Juli in Brooklyn anlegten, an der Pier der 21st Street, ging die Vorstellung in die nächste Runde. Die Mannschaft verließ das Schiff und marschierte zum Büro des pakistanischen Konsuls. Ich rief zuerst bei der New Yorker Polizei an und erkundigte mich, ob die Rädelsführer des Aufstands verhaftet werden könnten. Drei junge Männer, das hatten wir mitbekommen, hatten den ganzen Ärger angestiftet. »Wir mischen uns nicht in Bordangelegenheiten ein«, sagte der zuständige Police Officer. Immerhin beruhigte mich Pakistans Konsul, die Crew werde ihre Arbeit wieder aufnehmen.

Tatsächlich kam die Mannschaft zurück, allerdings mit einer Forderung: »Der Erste Offizier, der Dritte Offizier und der Zimmermann müssen sofort abgelöst werden!« Weil ich den Ärger eindämmen wollte und wir schließlich eine Reise mit diversen Häfen vor uns hatten, unterbreitete ich ein Gegenangebot: Sollte die Crew sofort wieder an die Arbeit gehen, würde ich den Streik vergessen.

Nun geschah, was ich nicht für möglich gehalten hätte: Die Pakistani verschwanden in ihren Unterkünften und schlenderten mit bereits gepackten Seesäcken auf die Pier, wo sie sich hinsetzten. Es war gegen 15 Uhr, ein sonniger Nachmittag in New York, und wir hatten die nächste Phase der Meuterei. Wenn auch eine sehr friedliche, denn unsere Reisegruppe genoss das Wetter. Was nun?

Eine Ersatzmannschaft konnte ich nicht anfordern, das hätte viel zu lange gedauert. Eine amerikanische Mannschaft? Zu kompliziert, zu teuer. Ich sprach also mit meinen Offizieren, ob sie bereit wären, im nächsten Monat doppelt so viel zu arbeiten und auch Arbeiten zu übernehmen, die normalerweise nicht zu ihren Aufgaben gehörten. Sie willigten ein. Nachdem ich die Reederei in Bremen über meinen Plan informiert hatte, ging ich noch einmal zu den Streikenden auf die Pier. Mein Ultimatum: Wer sich bis zehn Uhr des nächsten Morgens wieder an Bord befindet, bleibt straffrei und ohne Heuerabzug. Ich erlaubte ihnen auch, während des Ausstands weiterhin die Kombüse und die Bordtoilette zu benutzen. Die Crew übernachtete unter freiem Himmel, in einer lauen Nacht.

Mit einem Blick auf die Pier dachte ich nach Sonnenaufgang, dass die Gruppe der Meuterer kleiner geworden war. Der Bootsmann, ein Steward, zwei Matrosen und der Koch waren wieder im Dienst. Um 12.30 Uhr kam der Lotse an Bord, um 13.18 Uhr legten wir ab. Beamte der Einwanderungsbehörde kamen an Bord und erkundigten sich, ob die fünf Streikbrecher mit den anderen Männern von der Pier die Heimreise antreten wollten. Doch sie lehnten ab. Sie hatten auch Angst, nach Karatschi zurückzukehren, wie sie sagten. Die drei Rädelsführer kamen offenbar aus Unterweltkreisen und hatten Drohungen ausgestoßen.

Um kurz vor vier liefen wir aus, Kurs Baltimore. Mit 17 Mann auf einem Schiff, das genug Arbeit für 44 Besatzungsmitglieder bot. Was das Seeamt im Falle eines Unfalls dazu gesagt hätte, darüber habe ich lieber gar nicht erst nachgedacht. Vermutlich wäre es aus Sicht eines Seegerichts »nautisches Verschulden« gewesen, also die Verantwortung des Kapitäns: mein Problem, nicht das der Reederei. Aus heutiger Sicht ist die Geschichte ohnehin unmöglich: Mit 17 Mann kann man inzwischen den größten Containerfrachter fahren – und ich möchte nicht wissen, wie die amerikanischen Sicherheitskräfte heute auf eine größere Gruppe Pakistani reagieren würden, die sich entscheiden, auf einer Pier in New York übernachten zu wollen.

Für die Meuterer wurde ihr kleiner Aufstand ziemlich teuer: Sie bekamen ihre Heuer nicht ausbezahlt und mussten den Heimflug bezahlen; was der Shipping Master in Karatschi zusätzlich unternahm, weiß ich nicht. Wir mussten uns um ganz andere Dinge kümmern. Es war harte Arbeit. Wir fuhren die Ostküste hinunter, weiter an den Mississippi, nach Baton Rouge und New Orleans und dann bis Houston, Texas. Am 17. August, also fast genau einen Monat später, liefen wir wieder in New York ein, wo eine neue Crew Pakistani zustieg. Sehr zuverlässig arbeitende Männer, nebenbei bemerkt. Wir waren alle ziemlich erleichtert, denn langsam breitete sich wegen der wochenlangen Überbelastung Unruhe an Bord aus. Das nächste Ziel hieß Curaçao in der Karibik und danach Puerto Cabello in Venezuela, wo wir zwei Lokomotiven, fünf Waggons und einen Kran löschten.

Eine Belobigung der Reederei gab es für den Einsatz übrigens nicht, für niemanden an Bord. Musste auch nicht sein. Doppelt so viel Arbeit? Galt eben als Tagesgeschäft. ⚓

Kapitän Jan Uwe Andersen, *Jahrgang 1935, stammt aus einer Hamburger Seefahrerfamilie. Aus Abenteuerlust, »und weil mir nix Besseres einfiel«, begann er in den fünfziger Jahren seine Karriere als Schiffsjunge. Andersen machte 1962 sein Patent und fuhr unter anderem für die Hansa-Linie Bremen. Heute leitet der Vater von drei Söhnen eine Segelschule. Er lebt in Loxstedt, Niedersachsen.*

Fracht & Strandgut

37° 48' S ++ 144° 54' E ++ Hafen von Melbourne · Australien ++ „MS Columbus Australia" ++ im Juli 1977

BELAGERUNG IN AUSTRALIEN

Die »Columbus Australia« macht in Melbourne fest, an Bord sind zehn Container uranhaltiger Erde. Erst entbrennen Diskussionen mit Atomkraftgegnern, dann brennen Barrikaden.
Es folgen Polizeieinsätze auf der Pier, eine Massenschlägerei, der Streik der Hafenarbeiter. Diese Reise von JÜRGEN STOLLE sorgt auf der ganzen Welt für Schlagzeilen.

Ich habe meiner Frau aus jedem Hafen eine Postkarte geschickt. Internet gab es früher ja noch nicht. Einmal aber erfuhr sie aus der Zeitung, was gerade auf unserem Schiff am anderen Ende der Welt los war. Sie machte in Niendorf an der Ostsee Urlaub, als die Vermieterin der Pension aufgeregt auf den Strand lief. Sie wedelte mit einer Ausgabe des *Hamburger Abendblatts* und rief: »Frau Stolle, um Himmels willen! Ihr Mann wird belagert!«

Wir waren rund um Australien unterwegs: Brisbane, Melbourne, Sydney, um tiefgefrorenes Fleisch, Wolle und Obst aufzusammeln und durch den Panamakanal in die USA zu bringen. Ein Teil der Ladung, in Luke 1, war ein Aufreger: zehn Container »Yellow Cake«, schwach uranhaltige Erde. Damals, 1977, war das ziemlich explosive Ladung, wie wir leider feststellen mussten.

Dabei lief alles normal, als wir mit der *Columbus Australia* am Pier in Melbourne festmachten; die Arbeiter im Terminal begannen damit, die Ladung zu löschen. Ich fuhr in die Stadt, um einige Dinge im deutschen Konsulat zu regeln.

Als ich zum Schiff zurückkam, hatte sich ein Pulk von etwa hundert Leuten auf der Pier versammelt. Sie riefen: »Rückt die Ladung wieder raus!« Dem Ersten Offizier war das nicht geheuer, er hatte die Gangway einziehen lassen. Jemand aus der Gruppe zeigte auf mich: »Da ist der Kapitän.«

Die Demonstranten begannen, auf mich einzureden, doch ich sagte ihnen, dass ich nur auf dem Schiff diskutieren werde. Also ließ man einen Arbeitskorb an einem Kran herüber. Fünf Leute kamen mit an Bord, eigentlich ganz gepflegte Erscheinungen. Wir gingen gleich in meine Kajüte; die Wände waren mit Teakholz verkleidet, es gab einen Schreibtisch aus teurem Holz, eine gemütliche Sitzecke, mein Bett stand in einem separaten Schlafraum nebenan – das war schon alles ziemlich vornehm damals.

Sofort entbrannte eine Diskussion, aber zunächst ganz manierlich, muss ich sagen. Der Wortführer war wohl Physiker von Beruf, vielleicht Anfang 30, er trug Bart. »Sie handeln illegal. Das »Yellow Cake«-Material kann angereichert werden«, schimpfte er. »Wenden Sie sich bitte an Ihre Regierung, die hat alles genehmigt«, antwortete ich. »Ich habe nur einen Auftrag zu erledigen, verstehen Sie?«

So ging das hin und her, bis er mich anzischte: »Sie wollen nichts wissen. Sie handeln wie jemand aus dem Dritten Reich!« Damit war das Gespräch für mich beendet. Die Herrschaften verließen sofort das Schiff.

Wieder an Land, griff der Anführer sofort zu einem Megafon und schrie: »Dieses Schiff wird bestreikt.« Die Menge johlte. Fortan saß immer ein Pulk Leute auf der Pier und hinderte jeden daran, sich unserem Schiff zu nähern. Einige fingen an, den Rumpf mit Kreide zu bemalen, Sprüche wie »Die Erde gehört uns allen« und bunte Blumen. Ich gab Order, Wasser an der Wand herunterlaufen zu lassen.

Dann begann jemand, mit einer Sprühdose eine lächelnde Sonne aufzusprayen. Für einige aus meiner Besatzung, immerhin knapp 35 Mann, hörte der Spaß auf. Kein Seemann mag es, wenn das eigene Schiff verunstaltet wird; ganz abgesehen von der Arbeit, die es den Matrosen macht, lächelnde Sonnen wieder zu überstreichen.

Die Hafenverwaltung hatte inzwischen die Polizei alarmiert. Einige Mannschaftswagen fuhren unter Blaulicht vor. Wir konnten sehen, wie die Beamten die Taktik beratschlagten, zunächst aber nichts unternahmen.

Was mir auffiel: Das Erscheinungsbild der Demonstranten hatte sich geändert. Zwischen den Anti-Atomkraft-Symbolen sah man jetzt auch rote Fahnen und Kommunistensterne. Angeblich waren die neuen Demonstranten durch das offene Hafentor aufs Gelände gestürmt, als die Arbeiter nach dem Ende ihrer Schicht nach Hause gingen.

Als es dunkel wurde, zündeten die Protestler mehrere Feuer an. Es war eine ziemlich strenge Julinacht, mitten im australischen Winter. Sie warfen immer mehr Holzpaletten und Kartons hinein und was sie sonst in den Lagerhallen an Brennbarem fanden. Die Feuer loderten immer kräftiger, eines wurde bedrohlich für unser Schiff. Eigentlich herrschte im Hafen absolutes Rauchverbot, wegen der Explosionsgefahr. Wir wurden an Bord ziemlich eingenebelt und beobachteten erleichtert, dass die Feuerwehr anrückte und zu löschen begann.

Lange dauerte es nicht, bis berittene Einheiten der Polizei eintrafen. »Räumen Sie augenblicklich die Pier!«, forderte der Einsatzleiter die Demonstranten auf. Niemand rührte sich. »Räumen Sie die Pier, oder wir helfen nach!« Vom Hauptdeck bekamen wir mit, wie die Protestler miteinander diskutierten. Weglaufen? Kam nicht in Frage. Gewalt anwenden? Auch nicht. Sie beschlossen, sich mit Armen und Beinen zu verhaken, aber nicht als eine Menschenkette, sondern eher als ein Menschenknäuel.

Der Einsatzleiter wiederholte die Aufforderung, den Hafen sofort zu verlassen, ein drittes Mal. Keine Bewegung im Knäuel. Dann ritten die Polizeipferde in die Menge. Die Verkettungen lösten sich ganz schnell. Ziemlich viele Demonstranten wurden in Mannschaftswagen geschoben. Ab und zu gab es ein Gerangel und eine Schreierei, aber alles in allem empfanden wir den Einsatz nicht als zu grob.

Jedenfalls war die Pier nun geräumt, kurz nach 23 Uhr. Wir ließen die Gangway wieder herunter und warteten darauf, dass die Mitternachtsschicht des Terminals die Arbeit aufnahm. Doch nichts geschah. Eine Stunde verging, dann bekamen wir Nachricht: Wegen des »brutalen Vorgehens der Polizei« waren nun die Arbeiter in einen Streik getreten.

Eigentlich richtete sich der Protest gegen die Behörden und die Polizei, aber er traf uns. Wir waren zu einem Politikum geworden. Was mir ebenfalls Sorge bereitete: dass sich irgendwelche Chaoten unter den Demonstranten zurück in den Hafen schleichen konnten, um Leinen zu zerschneiden oder gar einen Brandsatz gegen das Schiff zu schleudern. Oder dass sie versuchten, die *Columbus Australia* zu kapern. Zum Glück bekamen wir Polizeischutz für die Poller; ein Boot der Hafenpolizei legte neben uns an, um die Wasserseite zu überwachen.

Am nächsten Morgen lag die Pier immer noch verlassen da. Kein Arbeiter zu sehen. Dafür klingelte im Stundentakt das Telefon. Zeitungen, Radio und Fernsehsender riefen an und wollten von mir wissen, was in der Nacht losgewesen war. Besonders die australischen Boulevardblätter hatten reißerische Storys gedruckt.

Nach einem Dutzend Interviews hatte ich keine Lust mehr, mich zu wiederholen. Ich lud am Nachmittag zur »Pressekonferenz« in meine Kajüte. Etwa ein Dutzend Reporter kamen an Bord, darunter ein Korrespondent der BBC und jemand von der Agentur Reuters. Am nächsten Tag las meine Frau die Geschichte am Ostseestrand; das *Abendblatt* hatte auch ein Bild gedruckt: »Käpt'n ließ die Gangway hochziehen«. Für die *Columbus Australia* aber änderte sich nichts. Der Streik ging weiter.

Tage vergingen. Es war zermürbend, doch wir konnten nichts unternehmen. Nach einer Woche hatte die Reederei genug. Wir beschlossen, auszulaufen und in einem anderen Hafen Ladung zu löschen und Proviant an Bord zu nehmen. Ich war erleichtert, als wir Melbourne endlich hinter uns ließen, mit Kurs Neuseeland. Eigentlich sollten wir laut unseres Einsatzplans in Sydney Station machen, aber das ließen wir nach den Erfahrungen lieber sein.

Die Wahl fiel auf Port Chalmers, einen kleinen Hafen auf der Südinsel Neuseelands. Unsere Reederei hatte berichtet, dass die dortige Gewerkschaft nicht so militant sein sollte. So war es auch. Bevor wir in den Hafen fahren konnten, kamen Mitarbeiter der Umweltbehörde an Bord. Sie hielten den Geigerzähler neben ein 300-Literfaß mit »Yellow Cake«.

Das Gerät zeigte nichts an. ⚓

Kapitän Jürgen Stolle, *1937 in Hamburg geboren, lernte auf der Seemannsschule in Blankenese und durchlief eine klassische Karriere vom Moses zum Kapitän. 1965 machte er sein Kapitänspatent. Er fuhr weltweit für die Reederei Hamburg Süd. Der Vater von zwei Kindern fungierte während zehn Jahren als Vorsitzender des Vereins der Kapitäne und Schiffsoffiziere zu Hamburg und leitete bis zu seinem unerwarteten Tod im August 2007 die Stiftung Seefahrtsdank.*

19° 36' N ++ 37° 13' E ++ Port Sudan ++ Frachter Typ IV „MS Dresden" ++ im Oktober 1965

RODEO IM ROTEN MEER

Frisch gestrichen ist das Schiff, doch darauf nimmt die Zentrale in Rostock keine Rücksicht: Einige Hundert Rinder soll der Frachter »Dresden« durch den Sueskanal bringen. Bald riecht das Schiff wie ein schwimmender Kuhfladen. Und dann geht einer der Bullen zum Angriff über. ROLF PERMIEN über Matrosen, die blitzschnell auf Cowboys umlernen müssen.

Zuerst dachten wir, der Befehl sei ein Scherz, den sich jemand hinter einem Schreibtisch in Rostock ausgedacht hatte. Etwa auf Höhe von Aden erhielten wir den Funkspruch: »Port Sudan anlaufen – neue Ladung – Ziel Sues – 520 Bullen – Ende.«

520 Bullen?

Es gab natürlich keinen einzigen Stall an Bord der *Dresden*, ein Frachter vom Typ IV und damit eines der größten Stückgutschiffe in der Flotte der DDR. »Klar, Herr Kapitän, und anschließend holen wir 2000 Kamele ab und fahren auf den Darß«, witzelten wir auf der Brücke, doch der Alte verzog keine Miene.

Nun muss man dazu sagen, dass wir das Schiff gerade frisch gestrichen hatten. Aufbauten, Masten, Laderäume, Luken, alles glänzte. Besonders auf das Deck waren wir stolz; mit der Renovierung hatten wir bereits zu Beginn der vorherigen Reise begonnen, es trotz der Regenzeit in Indien fertigbekommen. Der Bootsmann und ich, damals Erster Offizier, trugen den Protest der Mannschaft vor. Vergeblich.

Die Übernahme in Port Sudan geriet zu einem Spektakel, das jeden Tierschützer nachhaltig traumatisiert hätte. Bis zu acht Tiere wurden von Hafenarbeitern in eine große Netzbrook getrieben und dann angehievt. Beine und Hörner ragten aus dem Netz hervor, klagendes Gebrüll begleitete jeden Transport. Ich fragte einen Arbeiter, ob diese Methode wirklich geeignet sei. Seine Antwort: »Wir machen das immer so.« Wenn sich ein Tier sträubte, wurde es an den Hörnern an Bord gehievt. Einen Bullen, der panisch ins Hafenbecken gesprungen war, zog man am Schwanz aus dem Wasser.

Stunden später konnten wir ablegen. Damit wir uns überhaupt noch über Deck bewegen konnten, hatte der Schiffszimmermann eine Art Laufsteg und Leitern an und auf die Windenhäuser gebaut. Trotzdem mussten sich Stewards und Wachmatrosen ständig den Weg freiknüppeln – wir kamen uns vor wie Cowboys.

Die Sonne brannte herunter, es war sehr heiß, mehr als 40 Grad. Nach kurzer Zeit lag ein intensiver Geruch über der *Dresden*. Obwohl die Tiere während der zweitägigen Reise nur Wasser bekommen hatten, stand beim Anlegen in Sues eine üble Mischung aus Dung, Farbresten und Sand auf Deck, fast knöcheltief. So glatt war es, dass man sich entschloss, nun alle Tiere an ihren Hörnern zu verladen: Welch eine Tortur!

Wir setzten die Reise durch den Sueskanal fort – und stanken trotz einer Grobreinigung wie ein schwimmender Kuhfladen. Mit einigem Respekt registrierte ich, dass sich selbst auf den drei Meter hohen Windenhäusern Rinderfladen fanden. Wo die Herde gestanden hatte, war der Boden bis aufs Metall blankgescheuert, wie wir fluchend feststellten – als wäre das Schiff noch nie gestrichen worden.

Wir befanden uns seit einem Tag auf dem Mittelmeer, Kurs Gibraltar, als einer der Elektriker völlig außer sich auf der Brücke erschien. »Da steht ein Bulle!«, keuchte er, »im zweiten Windenhaus!«

Sofort eilte der Ladungsoffizier zum Tatort und entließ das Tier aufs Deck. Ein Fehler. Der Bulle nämlich interpretierte die Befreiungsaktion falsch, senkte den Schädel und ging schnaubend zur Attacke über. Als der Offizier losrannte, nahm der Bulle die Verfolgung auf. Nur mit einem riskanten Sprung in die Halterungen der Ladebäume konnte sich der Seemann vor seinen Hörnern retten.

Jemand gab dem durstigen Tier Wasser, sodass es sich bald beruhigte. Wir aber hatten ein Problem mit zwei Hörnern; als neues Bordmaskottchen erschien er doch einige Nummern zu groß. Der Kapitän funkte die Reederei an, was zu tun sei. Die Antwort ließ wenig Spielraum für Interpretationen: »Vernichten!«

57 Mann Besatzung befanden sich an Bord, darunter auch ein Schlachter. Er traute sich zwar zu, das Tier zu zerlegen, aber erlegen mochte er es ohne Bolzenschussgerät nicht. Diese Aufgabe übernahm unser Storekeeper, ein sehr kräftiger Mann, Typ Zehnkämpfer. Mit einem Vorschlaghammer.

Abends feierten wir ein Schlachtfest, was nach fünf Monaten auf See die etwas gereizte Stimmung an Bord auflockerte. Und bis Rostock gab es nur ein Thema: Wer hatte den Bullen versteckt? Wollte jemand dem Ladungsoffizier, einem allzu eifrigen Genossen, eins auswischen? Oder dem Alten? Er sollte wegen des Ausritts noch ziemlichen Ärger mit seinen humorlosen Vorgesetzten bekommen. Offiziell aber wurde die Angelegenheit nie geklärt.

Manche Geheimnisse, weiß jeder Kapitän, bleiben für immer auf See. ⚓

Kapitän Rolf Permien, *1939 im Ostseebad Wustrow auf dem Fischland geboren, stammt aus einer traditionsreichen Seefahrerdynastie, deren Geschichte sich bis 1730 zurückverfolgen lässt. 1954 begann er seine Laufbahn als Hochseefischerlehrling in Saßnitz auf Rügen. Er arbeitete als Matrose im Fischkombinat Rostock, wechselte zur Deutschen Seereederei Rostock und machte von 1960 bis 1963 sein Kapitänspatent. Ab 1969 fuhr Permien als Kapitän, ab 1972 fungierte er als nautischer Inspektor, zuletzt für die Reederei F. Laeisz. Permien lebt in seinem Elternhaus in Wustrow auf dem Fischland.*

53° 46' N ++ 7° 29' E ++ auf dem Weg von Helgoland nach Langeoog ++ Fähre „Atlantis" ++ Ende der siebziger Jahre

DAS KROKODIL VOR LANGEOOG

Ein ruhiger Sommertag vor der deutschen Insel Langeoog. Die Fähre »Atlantis« gleitet durch glatte See, als CASSEN EILS eine atemberaubende Entdeckung macht: ein Krokodil! In der Nordsee! Ob ihm das jemand glaubt?

Reporter haben es nicht leicht mit mir. »Lasst mich bloß in Ruhe mit eurem Scheiß«, antworte ich gerne, wenn mich jemand nach einer alten Story fragt. Ich habe doch schon alles erzählt. Ein Bekannter aus Cuxhaven, der seit Jahren Zeitungsartikel über meine Reederei ausschneidet, hat inzwischen 20 Aktenordner zusammengeklebt.

Mehr als ein halbes Jahrhundert gibt es meine Reederei nun. Mehr als fünfeinhalb Millionen Passagiere haben wir befördert. Eine Geburt gab es nicht an Bord, aber dass einige Kinder gezeugt wurden, möchte ich nicht ausschließen. Mehrere Todesfälle hatten wir zu beklagen, meist waren es ältere Gäste, die während einer Butterfahrt einen Herzinfarkt erlitten. Zwei Lebensmüde sind über Bord gesprungen.

Ich stehe noch immer auf der Brücke der Fähre *Funny Girl*, auch im Alter von 84 Jahren, mir fällt vermutlich nichts Besseres ein. Mein Rat an jeden Seemann: Sieh zu, dass du Kapitän wirst, dann hast du mit echter Arbeit sowieso nix mehr zu tun! Ich lege auch noch bei Windstärke 10 ab, das sind für mich die angenehmsten Fahrten: kein Zickenalarm an Bord, kein Gemecker, und ich habe meine Ruhe. Die Ostsee mag ich nicht besonders, das ist für mich nur eine überflutete Wiese. Schon immer war die Nordsee mein Terrain, vor Helgoland kenne ich jeden Seehund.

Im März 1952 hat alles angefangen, als ich mich selbstständig machte und erstmals mit Badegästen vor Norderney herumschipperte, auf einem besseren Ruderboot.

Ich sparte 3000 Mark zusammen und gründete mit einem Freund, Kapitän Ludwig Visser, die Reederei *Eils & Visser*. Wir kauften einen alten Schraubendampfer namens *Rudolf*, 28,28 Meter lang und 5,35 Meter breit, ließen ihn zum Motorschiff umbauen und konnten 148 Passagiere mitnehmen. Wir boten sogar »gepflegte Gastronomie« an, aber um ehrlich zu sein, bat mich die Besatzung kurz darauf, das Wort »gepflegt« lieber von den Plakaten zu streichen. Komfort? Na ja, immerhin gab es an Bord ein Klo und einen Kohleofen.

Der 15. Juni 1952 war ein wichtiger Tag für uns. Wir nahmen nach dem Krieg als erste Reederei den Linienverkehr von Cuxhaven nach Helgoland wieder auf. Die Insel war nach dem Zweiten Weltkrieg evakuiert worden, weil sie der englischen Luftwaffe als Testgebiet für Bombenabwürfe diente. Als die Briten ihr Zerstörungswerk einstellten, konnte Helgoland wieder aufgebaut werden. Zunächst ging es dort zu wie in einem Goldgräberlager; es waren ausschließlich Kerle, die wir versorgten.

Mehr als 500-mal fuhren wir mit dem Motorschiff *Rudolf* hinüber auf die Insel. An der Küste nannte man uns bald »die Brücke nach Helgoland«. Wind und Wetter waren uns ziemlich egal, nach unserem Leitspruch: »Lat Wind un Störm man kamen, we hollen doch tosamen«. Zu einer Jubiläumsreise hatten wir von einer Baufirma einen Sack voller Nieten geschenkt bekommen, was wohl erahnen lässt, dass manchem an Bord doch nicht ganz so wohl war beim Gedanken an das Baujahr von *Rudolf*: 1893.

Dass wir schon bald die Route von Büsum nach Helgoland in unser Programm aufnahmen, erwies sich für mich persönlich als Glück. Ich lernte meine Frau Christa kennen, die als Urlauberin an Bord kam. Mein Freund Ludwig Visser kehrte schließlich in die Fischerei zurück. Er blieb bei einem tragischen Unglück auf See.

Wenn ich eine Story erzählen soll, die mir besonders im Gedächtnis geblieben ist, handelt sie von einem Krokodil, das ich auf einer Fahrt von Helgoland zwischen Baltrum und Langeoog in der Nordsee treiben sah. Irgendwann Ende der siebziger Jahre muss das gewesen sein, wann genau, weiß ich nicht mehr, aber warum muss man den Quatsch auch so genau erinnern.

Es war jedenfalls ein Sommertag, irgendwann am Nachmittag. Ich dachte erst an Treibgut, dann sah ich genauer hin und erkannte das Reptil: Zwei Meter lang war es bestimmt, trieb tot auf dem Rücken. Ein ausgewachsenes Krokodil, tot wie eine Handtasche. Ich wollte es mit nach Helgoland nehmen, weil ich wusste, dass mir kein Mensch glauben würde. Leider konnte ich aber wegen der Enge an dieser Stelle nicht beidrehen und den Kadaver an Bord holen.

Und was geschah dann im Hafen?

»Ein Krokodil? Ganz bestimmt, Cassen«, sagten die Leute auf Helgoland, »natürlich glauben wir dir: Gerade eben kam ein Kutter vorbei, mit einem Elefanten im Netz!« Die einen dachten, ich spinne. Die anderen glaubten, ich hätte getrunken. Am nächsten Tag wurde tatsächlich ein Krokodil an einem der Strände von Langeoog angetrieben. Ich war rehabilitiert. Nur auf Helgoland, da glauben sie mir die Geschichte bis heute nicht. ⚓

Kapitän Cassen Eils, *Jahrgang 1923, kam als Sohn einer Fischerfamilie von Norderney zur Seefahrt. Mit 15 heuerte er auf der legendären Viermastbark* Priwall *an; er fuhr als Matrose auf Frachtschiffen und als Zweiter Offizier auf Kriegstransportern. Als einer der ersten Kapitäne machte er nach dem Krieg in Bremen sein Patent. Seiner Reederei gehört heute eine Flotte moderner Seebäderschiffe, die viele deutsche Inseln und im Winter als einzige Linie Helgoland ansteuert. Eils lebt in Cuxhaven.*

68° 30' N ++ 10° 34' W ++ zwischen Island und der Insel Jan Mayen ++ Fischdampfer ++ Ende der sechziger Jahre

DER BRUMMER VON INDIANER-FIETJE

Die Besatzungen von Fischdampfern genießen einen besonderen Ruf: raue Kerle, die bei minus 20 Grad im Nordmeer arbeiten, gerne mal am Kneipentresen übernachten und die Heuer in den Puff bringen.
HEINZ GÖTZIE kennt den Stolz und die Arbeitsethik der wilden Kerle – und eine besondere Einnahmequelle von Indianer-Fietje.

Eines vorweg: Fischdampferkapitäne sind schlimme Lügenbarone. Ich erinnere unzählige Konversationen mit den Kollegen im Fanggebiet, bei denen man so gelangweilt wie möglich ins Funkgerät murmelte.

»Du, hier ist gar nix los. Wie ist denn bei dir?«

»Och, hier ist es auch sehr, sehr ruhig«, kam als Antwort zurück.

Dabei hatte man Probleme, die prallen Netze überhaupt an Bord zu bekommen. Aber jeder Kapitän war eben so gut wie sein letzter Fang, und jeder musste schauen, wo er blieb. Den Druck des Reeders, mit einem vollen Kühlraum einlaufen zu müssen, spürte man als Kapitän immer. Ein ganzes Leben lang hatte man auf den Job hingearbeitet, und wenn es dann nicht gut lief, hörte man schon den Reeder sagen: »Ach wissen Sie, nehmen Sie mal Urlaub, erholen Sie sich mal.« Davor hatte jeder Angst.

Ich erinnere auch Fahrten, zum Beispiel auf Hering vor Island, die liefen so unglaublich gut, dass es kaum vier Stunden dauerte, bis der Laderaum bis auf den allerletzten Kubikzentimeter gefüllt war. Wir mussten die Netze aufschneiden, weil sie so prall waren; einmal wären wir fast abgesoffen, weil das Gewicht des Hols – so nennen wir den Fang – zu schwer war. Wir hatten keinen Platz mehr für ein einziges Fischstäbchen. Ich rief damals den Reeder an und sagte:

»Wir kommen zurück. Wir sind voll.«

Er antwortete: »Wie, voll? Bis du bescheuert?«

Ich erinnere andererseits, dass wir Jahre später mit einem anderen Dampfer zwischen Island und der Insel Jan Mayen lagen und das Meer von den Positionslichtern der russischen und ostdeutschen Fangfabriken hell erleuchtet war. Das Wasser schimmerte in der Dunkelheit, wie eine Großstadt. Ich dachte damals: Wie lange kann das gut gehen? Spanier, Franzosen, Portugiesen, Engländer, wir, alle mischten mit und fingen alles weg.

Dabei vergaßen wir, dass das Meer nicht unerschöpflich ist.

Ende der sechziger Jahre, als das Wirtschaftswunder auf allen Zylindern lief und jeder Arbeit hatte, war es nicht immer leicht, überhaupt eine Mannschaft zu finden. Fischer war ein ziemlich gefährlicher Beruf, Knochenarbeit in der Kälte, wochenlang unterwegs auf hoher See – wer wollte diese Arbeit schon machen? Es zog eine besondere Sorte Männer an, und wenn es nicht genügend anzog, hielt der Peterwagen an der Pier und lud Gefängnisinsassen aus, die an Abwechslung interessiert waren.

Meine schwierigste Fahrt war mit dem Dampfer *Glücksstadt,* den ich auf drängende Bitten des Reeders kurzfristig übernommen hatte, sehr kurzfristig. Wenige Stunden nachdem wir aus Kiel ausgelaufen waren, erfuhr ich von meinem Steuermann auch, warum: Mein Vorgänger hatte sich aus Furcht vor dem wilden Haufen in seiner Kammer eingeschlossen und war gar nicht mehr auf die Brücke gekommen. Hunderte Flaschen Alkohol lagerten versteckt an Bord. Ich überlegte kurz, was zu tun war. Dann rief ich den Reeder an:

»Hör zu, ich drehe jetzt bei und komme zurück nach Kiel. Ich brauche in ein paar Stunden zwölf neue Matratzen – und zwölf Mann neue Besatzung!«

»Ja, aber…«, wandte er ein.

»Willst du mit denen rausfahren? Na dann, bitte schön!«, schnauzte ich nur, mein Entschluss stand fest. Reiner Selbstschutz – denn abgesehen von einer Menge Ärger, der anstand, wäre die Reise unter diesen Umständen niemals erfolgreich verlaufen. Ich aber wäre meinen Ruf los gewesen und am Ende natürlich auch meinen Job. Weil ich ahnte, dass die Mannschaft nicht begeistert auf den Kurswechsel reagieren würde, alarmierte ich zur Sicherheit auch die Wasserschutzpolizei.

Ob ich Angst hatte? Natürlich, ich hatte die Hose voll! Die Kunst aber ist, das nicht zu zeigen. Die Tür zur Kammer musste, anders als bei meinem unglücklichen Vorgänger, immer weit offen stehen. Tatsächlich kamen Mitglieder der Mannschaft auf die Brücke und fragten aufgebracht, warum wir zurückliefen. Ich erklärte ihnen äußerlich ganz ruhig, dass es eben die kürzeste Ausfahrt meiner Laufbahn wäre. Wir mussten vor Kiel noch einmal kurz vor Anker gehen, bei zehn Windstärken und einer eisigen Kälte.

Trotzdem sprangen drei Männer über Bord, als sie das Boot der Wasserschutzpolizei sahen, und versuchten trotz des Sturms, kraulend abzuhauen. Ich mochte gar nicht wissen, was die alles auf dem Kerbholz hatten.

Auf die richtige Mischung aus Nachsicht und Wahrung des Respekts kam es an, um sich als Kapitän zu behaupten. Die Männer machten einen harten Job, bei jedem Wetter, und wenn sie mal Gelegenheit hatten, den Druck abzulassen, durfte man nicht zu streng mit ihnen sein. Ich weiß ja selbst, wie das ist, bei minus 20 Grad in der Barentssee 72 Stunden am Stück an Deck zu stehen, dann lernst du, im Stehen zu schlafen.

Man musste zu seiner Mannschaft halten, wenn die zum Beispiel in St. Pierre südlich von Neufundland eine Kneipe auseinandergenommen hatte. War wohl etwas heftiger gelaufen, denn die örtliche Polizei alarmierte sogar die Nationalgarde. Die Jungs bekamen den Schaden der zerstörten Pinte oder die Kaution von der Heuer abgezogen und fertig, der nächste Hol wartete. Fischdampferleute suchen an manchen Tagen einen Grund zu Streiten. Das ist einfach so. Meinungsverschiedenheiten mussten ausgearbeitet werden. Wenn es keine Meinungsverschiedenheit gab, stimmte das Abendprogramm nicht, weshalb wir in Seefahrerkreisen einen gewissen Ruf genießen.

Ziemlich primitiv, aber ehrlich, das war in Ordnung. Was ich nicht leiden konnte, waren Zuträger. Auf einer Reise hatte ich einen, der kam immer zu mir auf die Brücke. »Herr Kapitän, wissen Sie eigentlich, was der über sie sagt?« – und dann bekam ich den neuesten Bordfunk zu hören. Das war mir alles scheißegal, die sollten mich nicht lieben, ihr Respekt reichte mir. Der Zuträger bekam direkt nach dem Löschen des Fangs seine Kündigung, so jemanden konnte man wegen des Klimas an Bord nicht gebrauchen.

Wichtig war aber, dass die Männer Befehle befolgten. Einmal war eine Geburtstagsparty an Bord ziemlich aus dem Ruder gelaufen und zu einer »Marmeladenparty« geworden. Man hatte aus der Kombüse die großen Marmeladendosen geholt und sich mit dem klebrigen Zeug beschmissen. Die Wände der Messe sahen aus wie ein sehr großes, aufgeklapptes Frühstücksbrötchen. Auf den Zustand der Sitzmöbel möchte ich nicht weiter eingehen. Ich sagte: »Toll gemacht Jungs, feine Party. In zwei Stunden komme ich hier noch mal rein, dann ist alles so, wie es mal war.« Als ich zwei Stunden später auf einen Pott Kaffee vorbeisah, glänzte und duftete die Messe, als wäre Meister Proper mit seinen großen Brüdern zur Bestform aufgelaufen.

Vor Grönland sind wir einmal auf dem Fischdampfer *Holstein* mit voller Fahrt in einen Eisberg gedonnert, mit mehr als 12 Knoten. Nach einem Wachwechsel hatte der Zweite Offizier übernommen. Eigentlich sollte er ausgeruht sein, aber er hatte am Abend zuvor offenbar zu lange Skat gedroschen. Jedenfalls schlief er ein – und wir knallten auf diesen riesigen Eisberg, den man aus Dutzenden Seemeilen Entfernung erkennen konnte!

Wie in ein Schwimmdock rutschten wir auf den Eisblock – und rückwärts wieder runter. Wir sahen aus wie eine zusammengeschobene Konservendose, und es ist eine echte Sensation, dass wir nicht Leck schlugen. Später in der Werft mussten am Rumpf 30 Stahlplatten ausgetauscht werden. 30 Stück, keine weniger! Der Zweite Offizier hatte solch einen Schreck bekommen, dass er sich aus Furcht vor Konsequenzen im Fang versteckte, zwischen dem Kabeljau. Er zitterte regelrecht vor Angst. Ich versicherte aber, ihm werde nichts passieren und legte beim Reeder einige gute Worte für ihn ein. Ich bin noch einige Male mit ihm gefahren.

Unsere Heizer hießen Johnny, Jimmy oder Indianer-Fietje, das waren wirklich harte Kerle, aber arbeiten konnten die! Sie lebten nicht gerade, wie man sich das im bürgerlichen Sinne vorstellt. Sie waren gewissermaßen Vagabunden der Meere, die an Land keine Wohnung hatten und auch nirgendwo gemeldet waren. Wenn die Fangsaison losging, kamen sie an Bord – und wenn das Schiff in Cuxhaven an der Pier lag, schliefen sie in ihren Kojen. Oder sie übernachteten gleich in der Kneipe, zum Beispiel im *Seestern*. Vor allem Indianer-Fietje war ein klassischer, trauriger Fall: in der Kneipe geboren, in der Kneipe gestorben.

Wenn er nicht auf See war, verdiente er sein Geld mit einem Brummer. Er hatte sich auf seinen Penis eine Hummel tätowieren lassen. Mit der Frage: »Willste mal 'nen dicken Brummer sehen?«, kam er in Cuxhavens Pinten über die Runden. Einmal Brummer sehen, kostete mindestens ein Bier. Für Fortgeschrittene kam dann die nächste Frage: »Willste mal 'nen dicken Brummer fliegen sehen?« Er verschwand dann mal kurz auf der Toilette, um den – sagen wir mal: Aggregatszustand seines Gliedes – zu verändern, was dann die Flügel zum Vorschein brachte. Die Nummer soll sich besonders unter weiblichen Kurgästen größter Beliebtheit erfreut haben.

Andere Kandidaten, die nur eine Hose und ein Hemd besaßen, aber besoffen und nach einer durchzechten Nacht besser arbeiten konnten als andere stocknüchtern, waren der »Große Jochen« und sein Kumpel, der »Kleine Kurt«. Jochen war ein Netzmacher, Kurt ein Decksmann. Wenn es Geld gab – und es gab besser Geld, wenn die beiden an Land kamen, denn einmal schlugen sie mit Worten »Endlich Geld her!« in einer Bank fast eine Panzerscheibe ein, weil es ihnen nicht schnell genug ging – kauften die beiden stets bei *C&A* ein: einen Anzug, ein neues Hemd, eine Krawatte.

Fein ausstaffiert fuhren sie mit dem Taxi ins Bordell. Anschließend in die Kneipe, auf ein paar Runden Pils, dann weiter zum Bahnhof. Mit dem Zug reisten sie nach München, Erster Klasse, wie sich das für feine Herren gehört. Warum nach München? Keine Ahnung, aber dort lief das bewährte Programm zwischen Puff und Pinte, bevor sie – natürlich Erster Klasse – wieder zurückfuhren und sich, meist noch ziemlich betrunken, an Bord ihres Fischdampfers zurückmeldeten. Im *C&A*-Anzug arbeiteten sie dann so lange, bis die Klamotten nicht mehr zu gebrauchen waren.

Für Fischdampferleute gab es in Cuxhaven einen besonderen Service. Wenn einer richtig besoffen war, vor der Abfahrt aber noch mal dringend zum Friseur musste, ließ er sich bei Robert in den Opel Commodore fallen. Robert war klein gewachsen, so klein, dass er gerade übers Lenkrad lugen konnte; es gab in der Stadt einen etwas gemeinen Reim: »Robert Buschrot fährt alle Leute tot.« Die Fahrt ging jedenfalls zur »Kalten Hand«.

Die »Kalte Hand« war ein Friseur, zwei Meter groß und mit unglaublichen Kräften. Er hievte den Besoffenen aus dem Opel, trug ihn in seinen Friseursalon und schnitt ihm die Haare. Muss nicht immer besonders modisch gewesen sein, die Frisur, aber immerhin. Zurück vor der Kneipe übernahm dann der Wirt den Rücktransport an den Tresen. Und wenn der Besoffene aufwachte, stand schon das nächste Pils vor ihm.

Wer an Bord den Schlendrian zuließ, hatte verloren. Es gab mal den tragischen Fall eines Kochs, eigentlich ein guter Mann, der genau wusste, was er in seine Töpfe tat. Leider soff er zu viel. Die Qualität der Mahlzeiten litt, je länger die Reise dauerte, und die Mannschaft beschwerte sich. Auf ein gutes Essen freut man sich auf See manchmal den ganzen Tag lang. In meinem Brötchen fand ich eines Tages dann ein Pflaster, genau dort, wo Kochschinken hätte stecken sollen. Das war zu viel.

Ich fragte mich nur, wie er an so viel Alkohol kam, denn der war – von wenigen Ausnahmen abgesehen – eigentlich streng verboten. Wir durchsuchten die Kombüse, seine Kammer – und fanden nichts. Bis jemandem auffiel, dass wir gewaltige Mengen Backrum an Bord hatten. Damit hätte man die Jahresproduktion einer mittleren Konditorei bestreiten können. Er muss jeden Tag hunderte dieser kleinen Proben geöffnet haben, um seinen Pegel zu halten. Ich musste ihn feuern. Er drohte mir hinterher, mein Haus anzustecken, aber das ist eine andere Geschichte.

Schwere Unfälle kamen leider vor. In einem Fall traf es einen Jungen, 16 Jahre alt, auf seiner ersten Reise. Ein Haken traf ihn am Kopf und brach ihm den Schädel, vor der Küste von Schottland. Es sah übel aus, der Junge musste schnellstens in die Hände von Spezialisten. Die nächstgelegene Anlaufstation war eine Art Stützpunkt der britischen Marine, auf St. Kilda, einer Insel vor der Westküste.

Wir dampften mit voller Kraft dorthin – und bekamen einen ziemlichen Schreck: In der Bucht wimmelte es von Atom-U-Booten! Keine Ahnung, ob die sich im Manöver befanden oder was da los war. Die Militärs waren jedenfalls auch nicht begeistert davon, unseren Fischdampfer zu sehen. Wir durften den Jungen aber absetzen, ich glaube, sie haben ihn in ein Krankenhaus nach Belfast geflogen. Er kam durch. Als wir nach vier Wochen wieder in Cuxhaven einliefen, stand eine Frau an der Pier mit einem kleinen Geschenk. Es war seine Mutter. ⚓

Kapitän Heinz Götzie *wurde 1923 in Elchwinkel an der Memel in Ostpreußen geboren. Weil ihm das Leben auf dem Bauernhof nicht gefiel, lieh er sich Geld und schlug sich nach Hamburg durch. 1938 heuerte er auf einem Kohledampfer an, der ins englische Hull fuhr – seine bislang schlimmste Reise, wie er sagt. Fortan heuerte er nur noch auf Fischdampfern an. Im August 1953 machte Götzie sein Kapitänspatent. Er fuhr 44 Jahre lang fischen und befehligte in dieser Zeit 32 Trawler. Götzie lebt in Cuxhaven.*

32° 55' S ++ 60° 39' W ++ Rosario am Rio Paraná · Argentinien ++ Massengutfrachter „MS William" ++ Anfang der achtziger Jahre

OPERATION FISCHFUTTER

Der Ladeoffizier macht einen Fehler, und nun liegt der Frachter »William« drei Zentimeter zu tief im Fluss. Zur Freude der korrupten Beamten.
GÜNTHER LANGOWSKI überlegt: Einen Schwimmkran anfordern? Den Unschuldigen spielen? Oder gibt es in der Dunkelheit der Nacht eine andere Lösung?

Ich habe darüber nachgedacht, ob ich diese Geschichte überhaupt erzählen kann, doch ich vermute, mein Vergehen ist verjährt. Außerdem besteht das Leben nicht nur aus Heldentaten. Und nun klärt sich auch auf, warum sich die Fischer am Rio Paraná Anfang der achtziger Jahre über außergewöhnlich dicke Fische freuten.

Wir waren mit der *William*, einem 201 Meter langen und 28 Meter breiten Massengutfrachter, den Rio Paraná hochgefahren, einen mächtigen Strom, der sich breit Richtung Buenos Aires schiebt. Unser Ziel war die Stadt Rosario, wo wir Getreide für Noworossijsk am Schwarzen Meer laden sollten. Richtig, für die Kommunisten der UdSSR, die damals nach schlechten Ernten (und wegen gewisser anderer Probleme) in Argentinien regelrecht die Silos leer kauften. Es war eine Menge Verkehr auf dem Fluss; man musste sich auf wochenlange Wartezeiten auf Reede einstellen.

Das Verladen des Getreides geht ziemlich schnell, wenn man bedenkt, um welche Mengen es sich handelt. In gewaltigen Rohren wird der Weizen in den Schiffsbauch geblasen. Bis zu 800 Tonnen in der Stunde gehen durch. Man muss allerdings darauf achten, die Ladung gleichmäßig zu verteilen – und rechtzeitig über Walkie-Talkie den Befehl zum Stoppen geben. Exakt 16 000 Tonnen sollten wir aufnehmen. Der maximal erlaubte Tiefgang auf dem Rio Paraná wurde von den Behörden mit 8,20 Meter angegeben, und das nahmen die, wie wir erfahren sollten, auch aus ganz persönlichen Gründen sehr genau.

Als mein Erster Offizier, verantwortlich für die Beladung, mit der Gesichtsfarbe einer Weltklassetomate auf die Brücke kam, war mir klar, dass etwas schief gelaufen war.

»Herr Kapitän, ich habe Scheiße gebaut«, stieß er hervor.

Wie bitte?

»Ich habe nicht rechtzeitig gestoppt. Hinten sind wir nun 8,23 Meter tief.«

Wegen drei Zentimetern zu viel Tiefgang fängt ein Kapitän nicht gleich zu weinen an. Ich überlegte: Sollten wir einen Schwimmkran aus Buenos Aires rufen? Das dauerte mindestens drei Tage und kostete eine Menge Geld, zumal wir auf Zeitcharter unterwegs waren. Für jede Verzögerung, die wir an der Silopier verursachten, mussten wir obendrein löhnen. Jedes wartende Schiff hätten wir pro Tag auszahlen müssen – und hinter uns warteten eine ganze Menge Frachter. Der Betrag konnte schnell in die Hunderttausende gehen! Ich entschied also, erst mal den Unschuldigen zu mimen, als der Hafenmeister in Begleitung zweier Lotsen an Bord kletterte.

»Kapitän, das Schiff liegt drei Zentimeter zu tief«, zischte der Hafenmeister, ein kleiner, korpulenter Typ mit Schnauzbart, und funkelte mich an.

»Ach wirklich? Na und? Das kann ich leicht durch Vertrimmen ausgleichen, in dem wir einen Teil der Ladung von Luke Neun nach vorne befördern. Gar kein Problem«, antwortete ich so überzeugend wie möglich.

Nun begann eine Diskussion, in deren Verlauf sich rasch zeigte: Es ging nicht um drei Zentimeter, sondern in Wahrheit um 3000 US-Dollar. Diese Summe wollte der Hafenmeister kassieren, bevor er uns fahren ließ. Die Lotsen verlangten ebenfalls Schmiergeld, jeweils etwa 1000 Dollar.

Für mich hieß es, Zeit zu gewinnen. Ich müsste wegen solcher Beträge die Reederei in Deutschland kontaktieren, noch mal in Ruhe nachdenken, und überhaupt: Einen Versuch, die Ladung zu vertrimmen, möge man uns gestatten. Zähe Verhandlungen folgten. Immerhin erlaubte uns der Hafenmeister schließlich, von der Pier abzulegen. Etwa 100 Meter weit. Mir missfiel der Gedanke, so nahe am Fahrwasser zu liegen, falls wir doch einen Kran benötigten. Der Hafenmeister und die beiden Flusslotsen verließen das Schiff. Ein Hafenlotse kam an Bord, der überwachen sollte, dass wir wirklich 100 Meter vom Liegeplatz entfernt ankerten.

Nach dem Ablegen bat ich ihn: »Mr. Pilot, lassen Sie uns ein wenig weiter hinausfahren, auf der anderen Seite des Flusses befindet sich doch der reguläre Ankerplatz.«

»Ohohohoh«, lamentierte er und hörte erst auf, als ich ihm ein paar hundert US-Dollar in kleinen Scheinen zusteckte. Auch er verließ nun die *William*. An Bord befanden sich 30 Mann Besatzung. Jeder, der eine Schaufel halten konnte, nahm die Arbeit auf. Wir versuchten, das Getreide mithilfe eines Autokrans von achtern nach vorne zu bringen. Aber in vier Stunden bewegte sich der Frachter nicht mal einen Viertel Zentimeter. Und in acht Stunden sollten »El Corrupto« und seine Lotsen wieder an Bord kommen. Was nun?

Die Dämmerung hatte sich über den Hafen von Rosario gelegt. Unser Agent, ein junger, ziemlich gerissener Typ, war wegen der Probleme an Bord gekommen und stand neben mir auf der Brücke. Wir schwiegen. Dann sagte er: »Wie wäre es, wenn wir einen Teil der Ladung einfach über Bord gehen lassen? In großen Segeltüchern, die wir mithilfe der Autokräne hochhieven!« Das klang zwar verrückt. Aber nach einer Lösung. Giftig war Getreide nicht und die Strömung an diesem Abschnitt des Flusses war ziemlich stark.

Wir warteten ab, bis die Nacht ganz schwarz war, dann startete »Operation Fischfutter«. Etwa anderthalb Tonnen bekamen wir mit jedem Tuch von Bord bugsiert. Ich stand mit dem Nachtglas auf der Brücke und suchte Wasser und Pier nach Zeugen ab. Wenn der Hafenmeister das mitbekam, hätte er mich garantiert zu Fischstäbchen à la Rosario verarbeiten lassen. Die Mannschaft schaufelte wie eine Brigade gedopter Bauarbeiter; eine Ladung nach der anderen glitt mit einem flirrenden Geräusch seitwärts in den Fluss.

Ich schätze, dass wir bereits 75 Tonnen in den Strom gekippt hatten, als sich die *William* endlich um einen Zentimeter hob. Die Zeit bis zum Besuch unserer tadellosen Beamten wurde knapp. Als gegen sechs Uhr das Boot der Hafenbehörde ankam, trieben etwa 150 Tonnen Getreide im Fluss. Der Hafenmeister fehlte zum Glück, und den Lotsen rief ich zu: »Sehen Sie: Alles vertrimmt! 8,20 Meter, wie gewünscht. Können wir nun endlich los, verdammt noch mal?« Sie sahen sich etwas ratlos an. Anker auf!

Wir liefen Buenos Aires an und komplettierten dort die Ladung, auf 32 000 Tonnen. Dann versegelten wir Richtung Mittelmeer und weiter nach Noworossijsk. Drei Wochen und vier Tage dauerte die Überfahrt. Die Stimmung an Bord war gut wie niemals zuvor, wir fühlten uns als eine verschworene Gemeinschaft. Zwischendurch aber hatte ich doch ein etwas mulmiges Gefühl. Ob den Genossen in der UdSSR auffallen würde, dass immerhin knapp ein halbes Prozent der Ladung fehlte? Die Russen aber merkten nichts. Außer der Mannschaft blieben die Fischer am Fluss die Einzigen, die jemals von unserer Finte erfuhren: Sie wundern sich bestimmt noch heute über das Jahr der fetten Fische. ⚓

Kapitän Günther Langowski, *1935 in Ostpreußen geboren, floh 1945 mit seiner Familie inmitten schwerer Luftangriffe Richtung Westen. In den Nachkriegsjahren begann er in einer Bäckerei in Gelsenkirchen als »Brotbeifahrer«. Bei einer dieser Touren erzählte ihm ein Freund von der Seefahrt. Langowski durchlief eine Karriere vom Schiffsjungen zum Kapitän und machte 1966 sein Patent. Drei Jahrzehnte lang fuhr er vor allem für die Reederei August Bolten. Langowski lebt in Hamburg.*

Leben & Tod

46° 50' N ++ 06° 40' W ++ Golf von Biskaya ++ Tanker „Thoralbe" ++ 12. Februar 1970 ++ 7.18 Uhr

S.O.S. IN DER BISKAYA

Der Sturm kommt von vorn, als PETER STEFFENS ein S.O.S. empfängt. »Please pick me up, Sir«, fleht eine Stimme über Funk. Obwohl sein eigener Tanker »Thoralbe« schwer in der See liegt, eilt Steffens zu Hilfe. Und riskiert zur Bergung der Schiffbrüchigen alles.

Der dritte Sturm in Folge hatte uns erwischt, mit 10 bis 12 Beaufort aus West. Seit Stunden lagen wir beigedreht in der Biskaya. Unser Tanker *Thoralbe* hatte Chemikalien für Barcelona geladen und lag richtig tief in der See; das Deck war fast ständig überspült. Sorgen machte ich mir trotzdem kaum, denn wir taten, was in diesem Wetter eben zu tun ist: Bug in den Wind drehen, Kurs halten, fertig. Vor uns lag ein anderes Schiff, das ebenfalls den Sturm abritt; ab und zu konnte ich zwischen den Wellen und in einiger Entfernung die Masten sehen. Es war der 12. Februar 1970.

Um 7.18 Uhr erhielt ich einen Hilferuf: S.O.S., dänisches Motorschiff *Renate S.*, Position 46° 50′ Nord, 6° 40′ West, offenbar also das Schiff, das ich vorher beobachtet hatte. Ich meldete mich sofort über Funk, ließ die Deckbesatzung wecken, Bootsleitern über Bord hängen und sämtliche Rettungsringe klarmachen. Wir fuhren halbe Kraft voraus, mehr ging nicht; die Brecher trafen uns wie die Fäuste eines Schwergewichtsboxers.

Kurz vor acht gab der Kapitän der Dänen durch, seine Besatzung und er müssten das Schiff verlassen. Es habe bereits 50 Grad Schlagseite. Was er sagte, werde ich nie vergessen: »Please pick me up, Sir!« Man konnte die Angst in seiner Stimme hören. So ruhig wie möglich antwortete ich: »Okay, wir gabeln euch gleich auf, keine Sorge!« Dabei wusste ich eigentlich nicht, wie wir das bewerkstelligen sollten.

Wir konnten beobachten, wie die Dänen im Windschatten ihres Schiffes in ein aufblasbares Rettungsfloß stiegen und zunächst Schwierigkeiten hatten, sich loszumachen. Als es schließlich gelang, riss der Sturm sie sehr schnell fort. Ich versuchte nun, zwischen die Havaristen und das Floß zu gelangen, aber der Sturm drückte uns in Richtung des Wracks. Es wurde richtig brenzlig. Ruder hart Steuerbord!

Obwohl das Floß dicht neben uns trieb, gelang es nicht, eine Leine hinüber zu werfen. Der Sturm spielte mit uns, und ich fürchtete, das Floß könnte mit der nächsten See auf unser Deck schlagen. Ich drehte *Thoralbe* um 180 Grad, hatte es nun an Backbord im Windschatten, allerdings knapp 50 Meter achteraus. Ich entschied mich zu einem Rückwärtsmanöver, was mancher Kapitänskollege kritisieren mag, aber es hatte Erfolg: Jetzt schafften wir es, eine Leinenverbindung herzustellen.

Allerdings kletterte gleich der erste Schiffbrüchige so überhastet die Leiter hinauf, dass er abrutschte, die Schwimmweste verlor und fast ertrank. Die anderen banden sich also zunächst die zugeworfene Leine um den Oberkörper. Man muss sich vorstellen: Das Floß, inzwischen mit zwei Leinen fest gesichert, bewegte sich etwa acht Meter auf und ab und entfernte sich bis zu 15 Meter von der *Thoralbe* weg. Eine Gefahr waren auch die Brecher, aber gegen neun Uhr hatten wir alle Seeleute an Bord. Ich muss zugeben, dass ich mit einem solch schnellen Erfolg nicht gerechnet hatte. Niemand war verletzt. Der Maschinist schien einen Schock zu haben, denn er brachte keine zusammenhängenden Sätze mehr heraus.

Die Dänen, völlig durchnässt und erschöpft, bekamen von uns warme Decken und Kleidung. Ihrem Kapitän – ich meine, der hieß Hansen – gab man sogar eine Krawatte. Hansen sah aus wie ein typischer Däne: blond und groß. Er kam zu mir auf die Brücke und erzählte, dass sich ein Teil der Ladung losgerissen hatte und die Schiffswand Knitterfalten aufwies, als sie ausstiegen. Wir beobachteten, wie die *Renate S.* kenterte und kieloben trieb. Hansen hatte richtig feuchte Augen, als sein Schiff um 10.14 Uhr unterging. Der Mann war am Boden zerstört. Wir haben erst mal ein Bier aufgemacht.

Der Steuermann der Dänen, ein klein gewachsener Witzbold, heiterte die Situation etwas auf, indem er fürchterlich zu fluchen begann. Es ging um den Inhalt einer Kiste, die er unter seiner Koje deponiert hatte: »Meine Pornosammlung! Alles weg!«, rief er immer wieder.

Wir liefen La Coruña an, um die Schiffbrüchigen an Land zu bringen. Zwei Schiffe, darunter ein Tanker, der wesentlich größer war als unsere *Thoralbe,* hatten auf die Hilferufe der *Renate S.* und auf die Seenotraketen nicht reagiert. Die waren einfach weitergefahren. Unsere Aktion stand am nächsten Tag in der *Bild-Zeitung*: »Hamburger holten Dänen vom sinkenden Schiff« hieß die Überschrift.

Der Senator für Wirtschaft und Verkehr schrieb mir einen netten Brief, und die *Deutsche Gesellschaft zur Rettung Schiffbrüchiger* schickte sogar eine silberne Medaille.

Nur von den Dänen habe ich nie wieder etwas gehört. ⚓

Kapitän Peter Steffens, *1937 in Hamburg geboren, fuhr fast ein halbes Jahrhundert zur See. Der Sohn einer Kapitänsfamilie machte 1964 sein Patent und befehligte danach Schiffe aller Größen, vom Küstenmotorschiff bis zum Supertanker. Zuletzt steuerte Steffens Spezialtransporter, mit denen sogar Teile von Bohrinseln befördert werden können. 2000 ging er in Ruhestand. Er lebt in Hamburg.*

RATSHER

18° 26' N ++ 69° 37' W ++ Hafeneinfahrt von Boca Chica · Dominikanische Republik ++ Frachter „Hamburg" ++ im Sommer 1971

DER FEHLER UND DER TOD

Ein falsch ausgeführter Befehl, ein Unfall, Schaden am Schiff. Die Reise des Frachters »Hamburg« durch die Karibik steht unter keinem guten Stern. Und dann entdeckt KARLHEINZ FOLLERT einen leblosen Körper auf Luke Vier.

Um einen Fehler soll es gehen, um einen Moment der Unachtsamkeit, der am Ende einen Menschen das Leben gekostet hat. Aber auch darum, wie furchtbar einsam man sich an Bord eines Schiffs fühlen kann.

Boca Chica, ein kleiner Hafen der Dominikanischen Republik, im Sommer 1971. Karibik, wie man sie aus Prospekten im Reisebüro kennt: weißer Strand, Palmen, bunt gestrichene, geduckte Häuser. Für Seefahrer bietet die enge, gekrümmte Hafeneinfahrt eine Herausforderung, die mitten durch grünlich schimmernde Untiefen hindurchführt. Wir waren mit der *Hamburg* aus Europa gekommen, Stückgut und Eisen an Bord. In Boca Chica löschten wir die Ladung.

Ein Lotse kam auf die Brücke, wir kannten ihn schon, ein erfahrener Mann, der hervorragend Deutsch sprach. Es muss gegen 18 Uhr gewesen sein, als wir ablegten, Kurs Port-au-Prince, draußen war es noch hell. Die *Hamburg* lief mit langsamer Fahrt aus dem Hafen, schob sich ganz vorsichtig durch die Fahrrinne und näherte sich der Position, wo der Kurs wegen der Untiefen geändert werden musste.

»Backbord 10«, befahl der Lotse.

Doch sofort merkten wir, dass etwas schief lief. Unser Rudergänger, ein Offiziersanwärter, gerade 18 Jahre alt, hatte »Steuerbord 10« gelegt. Das Schiff reagierte sofort und nahm enormen Dreh auf. Ich, damals Erster Offizier, sprang noch ans Ruder und schlug es hart in die Gegenrichtung, aber zu spät.

Langsam liefen wir auf felsigen Grund. Ein wirklich unangenehmes Geräusch war zu hören, dann spürten wir eine Erschütterung. Der Kapitän wollte sofort »Voll zurück« geben, doch der Lotse riet davon ab: Zu groß erschien ihm die Gefahr, auch hinten aufzulaufen und damit Ruder und Schraube zu beschädigen.

Ein Schlepper wurde gerufen, dann begannen wir damit, die *Hamburg* freizumanövrieren. Die Peilung der Tanks, Kofferdämme und Bilgen löste große Erleichterung aus: Offenbar gab es kein Leck. Erst viel später im Dock sollte das Ausmaß der Schäden am Boden zutage kommen; um sie zu reparieren, kam das Schiff längere Zeit in die Werft.

Die *Hamburg* war fast wieder frei, als es zum nächsten Unfall kam. Durch ein Missverständnis in der Kommunikation wurde der Schlepper umgerissen, kenterte und trieb kieloben neben dem Frachter. Die Besatzung hatte sich in letzter Sekunde retten können, was wir hören konnten, denn sie beschimpfte uns ordentlich. Unser Offiziersanwärter verfolgte die Ereignisse völlig verstört. Er war kreideblass und wirkte wie betäubt.

Niemand hat ihm danach Vorwürfe gemacht. Natürlich kam seine Verwechslung in Lästereien noch mal vor, und ganz bestimmt gab es dafür keinen Orden, als wir wieder auf See waren; aber zu streng mochte niemand mit ihm sein. Die Reise verlief in den nächsten Wochen zunächst ganz planmäßig. Wir steuerten Haiti an, Honduras, Puerto Barros in Guatemala, wo wir Kaffee für die Heimreise luden.

Am 5. Juli fuhren wir auf Höhe von Kingston, Jamaika, unter tiefblauem Himmel. Ich war für die Wache von 16 bis 20 Uhr eingeteilt und sah hinaus auf Luke Vier. Da sah ich den Offiziersanwärter auf der Luke liegen. Ich erinnere noch, dass ich dachte: »Könnte sich ja einen bequemeren Platz zum Sonnenbaden suchen.« Nach ein paar Minuten lag er aber noch immer dort, in unveränderter Position. Mir kam das nun komisch vor. Ich beauftragte jemanden, nach ihm zu sehen. Sofort gab es Alarm: Nach vergeblichen Erste-Hilfe-Maßnahmen brachte man den leblosen Körper ins Hospital. Aber es gab nichts mehr zu tun.

Was war geschehen? Ein Unfall? Offenbar war der junge Mann vom Peildeck gestürzt.

Wir konnten keinerlei Hinweise und auch keinen Abschiedsbrief finden. In der späteren Seeamtsverhandlung in Hamburg konnte das Gericht auch nicht klären, wie sich der Sturz zutrug. Der junge Mann war ein sehr schüchterner, sensibler, in sich gekehrter Mensch. Hatte viel Pech gehabt auf seiner ersten Reise, in Puerto Barrios wurde er Opfer eines Raubüberfalls. Den Fehler am Ruder hat er sich offenbar nicht verziehen.

Alle an Bord standen unter Schock. Es gab ein freundliches Klima, keinen Streit zwischen den 33 Männern der Besatzung; mit Ausnahme des Unfalls waren es schöne Wochen in der Karibik gewesen. Wir verständigten die Behörden und liefen in Kingston ein. Dort wurde die Leiche des Jungen untersucht und eingeäschert.

Die Gedanken an diesen Tag verfolgten mich noch lange. Obwohl – um das noch mal klar zu sagen – wir uns nichts vorzuwerfen hatten. In der Untersuchung des Seeamts wurde der Schiffsleitung ein vorbildlicher Betrieb attestiert. Als Kapitän habe ich dennoch später immer ein besonderes Augenmerk darauf geworfen, für die Nöte und Sorgen der Besatzung offen zu sein. Damit dieser Tod überhaupt einen Sinn hatte. ⚓

Kapitän Karlheinz Follert, *Jahrgang 1939, wurde in Ostpreußen geboren. Nach einer klassischen Seemannskarriere vom Decksjungen zum Offizier machte er 1966 sein Kapitänspatent. Er fuhr hauptsächlich für die Hapag, aber auch auf Tankern der Reedereien Maersk, AG Weser und Kosmos. 1994, nach fast vier Jahrzehnten, beendete Follert seine aktive Zeit und fungierte fortan als Geschäftsführer des Verbands Deutscher Kapitäne und Schiffsoffiziere (VDKS). Er lebt in der Lüneburger Heide.*

38° 30' N ++ 74° 50' W ++ Ocean City · vor der Ostküste der USA ++ Tanker „African Queen" ++ 30. Dezember 1958

DER UNTERGANG VON OCEAN CITY

Erst missachtet der Zweite Offizier einen Befehl, dann macht der Kapitän einen Fehler – und schließlich bricht der Tanker »African Queen« entzwei. An Bord herrscht Chaos.
THOMAS MARQUARDT erlebt schicksalhafte Stunden, an deren Folgen beinahe eine ganze Stadt zugrunde geht.

Nur ein Funke hätte uns allen das Leben gekostet, ein einziger Funke. Als unser Bug abriss und gegen das Achterschiff der *African Queen* knallte. Tausende Tonnen Stahl schlugen in hoher See gegeneinander, es stank nach Gas, und eigentlich hätte es zur Explosion kommen müssen. Fast ein Wunder, dass wir nicht alle in einem Feuerball vor Ocean City starben.

Ich fuhr damals als Matrose auf der *African Queen*, ein Tanker von 22 000 Tonnen, was Ende der fünfziger Jahre als »großer Pott« galt. Wir kamen von Cartagena in Kolumbien, randvoll mit Schweröl für Philadelphia an der Ostküste der USA. Es war keine besinnliche Reise gewesen, schon vor dem großen Unglück nicht. Ein polnischer Matrose hatte versucht, unseren Bootsmann im Schlaf zu erstechen; zum Glück hörte Letzterer, wie seine Kabinentür entriegelt wurde, wachte auf und verprügelte den Angreifer. Der Pole wurde im nächsten Hafen abgesetzt.

Seit der Karibik schüttelte uns ein Sturm nach dem anderen, mit elf Windstärken und entsprechender Dünung. Unser Kapitän hieß Danielsen, ein groß gewachsener, hagerer Norweger mit krummer Nase, der den größten Teil seiner fast 50 Jahre auf See verlebt hatte. Nach mehr als 60 Stunden Einsatz war er in die Koje gegangen – mit dem ausdrücklichen Befehl an den Zweiten Offizier, ihn zu wecken, wenn der Kurswechsel anstand: Auf Höhe eines Feuerschiffs musste die *African Queen* nach Backbord in den Delaware River abdrehen.

Die erste Fehlentscheidung, die in die Katastrophe führte, wurde am 30. Dezember 1958 gegen 2 Uhr getroffen. Der Sturm ließ allmählich nach, schüttelte das Schiff aber noch gehörig und kam aus Nordwest, was in Kombination mit der Strömung aus Süden gefährliche Seen ergab. Der Zweite Offizier, ein unerfahrener, junger Norweger, glaubte, im tosenden Atlantik die Kennung des Feuerschiffs gesehen zu haben. Was er tatsächlich sah? Vielleicht einen Frachter oder ein Fischerboot. Jedenfalls war es nicht die Kennung des Feuerschiffs. Er änderte den Kurs, ohne Kapitän Danielsen zu wecken.

»Lasst den Alten lieber ausruhen«, soll er gesagt haben.

So lief die *African Queen* auf falschem Kurs durch Nacht und Sturm, ohne dass man auf der Brücke etwas davon bemerkte. Denn auch der Erste Offizier, der inzwischen seinen Dienst angetreten hatte, versäumte es, die Position zu überprüfen. Mehr als eine Stunde verging, bis der Kapitän auf die Brücke kam. »Wann haben wir das Feuerschiff gesehen?«, fragte er, untersuchte die Seekarte und erstarrte. Jeden Moment konnten wir auf Untiefen stoßen! Sofort ließ er das Ruder hart Steuerbord legen – in der Dunkelheit und der aufgeschäumten See war wenig zu erkennen. Die genaue Position hätte sich zwar durch eine Funkpeilung feststellen lassen, aber dafür blieb keine Zeit mehr.

Während des Manövers – wir liefen ungefähr 12 Knoten – spürte man ein heftiges Rucken im Schiff. Mit einem Mal lag die *African Queen* ganz anders in der See. In den Mannschaftsunterkünften wurde jeder wach, weil ein Seemann den Rhythmus der Wellen im Unterbewusstsein spürt und merkt, wenn etwas nicht stimmt. In der Tat, etwas stimmte ganz und gar nicht: Die *African Queen* war auf eine Sandbank gelaufen.

Kapitän Danielsen wies den Funker an, eine Meldung abzusetzen: Er werde versuchen, aus eigener Kraft wieder freizukommen. Das Schiff lag auf Schlick und Schlamm, dachte er wohl. Etwa eine Viertelstunde dauerten die vergeblichen Bemühungen, sich mit Vor- und Rückwärtsmanövern zu lösen. Und dann hörten alle an Bord ein gemeines Geräusch: ein Knarren, ein Krachen von Stahl.

Wir Matrosen waren achtern an Deck gegangen. Der Morgen dämmerte bereits, und ein feiner Lichtstreifen erhellte den Horizont. Obwohl der Wind recht heftig blies, spürten wir, dass sich das Schiff nun gar nicht mehr bewegte. Seltsam fest lag es nun, wie festgezurrt an einer Pier. Wir sahen uns fragend an. Was war los? Dann traf uns die erste Welle, auf deren Krone Schweröl mitschwappte.

Etwa 100 Meter vor uns, unmittelbar vor den Aufbauten, war die *African Queen* auseinandergebrochen, als habe sie ein Riese in zwei Teile geknickt. Der Tank des Vorschiffs leckte stark, und es dauerte wenige Minuten, bis eine klebrige Ölmasse das Schiff bedeckte. Der Gestank nahm einem den Atem. Außerdem roch es stark nach Gas. Wir können von Glück sagen, dass der Wind noch in Sturmstärke wehte. In ruhigem Wetter wären wir vermutlich sofort in die Luft geflogen. Die Glut einer Zigarette hätte genügt.

Noch immer hatten wir Matrosen keinerlei Order, was zu tun war. Rettungswesten trugen wir nicht, denn die Dinger waren so dick, dass man darin nicht arbeiten konnte. Dann sahen wir, dass der Funker angelaufen kam, ein blonder Däne Anfang 20. Er schrie: »Wir sind auseinandergebrochen!« – als ob wir auf die Idee nicht schon selbst gekommen wären – und begann damit, einen Drachen steigen zu lassen, an dem sich eine Antenne befand. Merkwürdig, dachte ich noch, warum ist er nicht auf der Brücke?

Minuten später erschien dann der Erste Offizier, endlich mit einem Lagebericht. Zwar sei das Vorschiff abgebrochen, doch das Achterschiff sei völlig intakt. Die Schotten hätten gehalten. Hier nun ein Angebot: Jeder, der in den nächsten Stunden an Bord bliebe, um beim Schleppen des Achterschiffs zu helfen, erhalte einen Bonus von 1000 Dollar zur Heuer.

Nun muss man sich vorstellen: An Bord eines Öltankers, der aus zwei Teilen besteht, auf dem es stark nach Gas riecht und das Schweröl im Sturm über Deck klatscht, antwortet man auf eine solche Frage: »Ist gut, okay.« Aus heutiger Sicht kaum zu erklären, aber damals war man abenteuerlustig, sicher auch naiv, und 1000 Dollar waren eine Menge Geld. Der Erste Offizier nickte und marschierte zurück in Richtung Brücke.

Was noch niemand ahnte: Unsere desolate Situation sollte sich in den nächsten Minuten stark verschlechtern, weil das Vorschiff nun leer gelaufen war, Auftrieb bekam und sich hob. Der Steven des Vorschiffs drehte sich nun – und knallte im Rhythmus der Wellen gegen unsere Bordwand! Verzweifelt begannen wir Matrosen, sämtliche Trossen und Fender, mit denen das Schiff sonst festgemacht wird, als provisorische Puffer an die Bordwände zu hängen. Um zu verhindern, dass Funken schlugen.

Unterhalb der Wasserlinie spielte sich in der Zwischenzeit ein ganz anderes, bedrohliches Drama ab. Durch die Schläge des Bugs hatte sich ein Schweißgang geöffnet. Wasser strömte in den Maschinenraum. Das Schiff wurde von Dampfkesseln befeuert – jeder Kontakt des kalten Atlantikwassers mit den heißen Kesseln hätte uns zerrissen. Wie die Ingenieure es schafften, die Maschine schnell herunterzufahren und vor allem sehr schnell abzukühlen, weiß ich bis heute nicht. Es war jedenfalls eine Meisterleistung.

An Deck trugen sich seltsame Szenen zu, die Lage geriet immer mehr außer Kontrolle. Dazu gehörte ein Auftritt von Jimmy Low, einem englischen Pumpmann, dessen Aufgabe es war, die Befüllung der Tanks zu kontrollieren und die unzähligen Ventile an Bord zu pflegen. Low hatte einen riesigen Adler auf seiner Brust tätowiert. Wenn es in einer Kneipe Ärger gab, war es immer gut, ihn neben sich am Tresen zu wissen. Low öffnete schweigend sein Hemd, und in den meisten Fällen hatten sich in diesem Moment alle weiteren Diskussionen erledigt.

Inmitten der größten Hektik auf dem havarierten Schiff wirkte Low gelassen. Er hatte einmal erzählt, dass er während des Kriegs auf zwei Frachtern von deutschen U-Booten versenkt worden sei und eine Deutsche geheiratet habe; ihn könne nichts mehr erschüttern. Auf einmal hörten wir seine Rufe: »Kommt nach Backbord! Schnell!« Wer in der Nähe war, lief um den Schornstein herum und sah Low, der hinter einer Gruppe von sieben Sudanesen stand, Moslems, die sich zum Beten auf die Knie begeben hatte. »Ist das zu fassen?«, schnaubte Low. Dann trat er einem Sudanesen mit voller Wucht ins Hinterteil. »Wenn ihr beten wollt, wartet gefälligst, bis wir gerettet sind!«, schnauzte er ihn an, »Außerdem: Mekka liegt Steuerbord!«

Ich ging nach achtern und sah den Schiffsjungen, der am Geschirr der Rettungsboote herumfummelte.

»Was machst du denn da?«, fragte ich ihn.

»Ein Befehl. Ich soll das Boot runterlassen. Wir müssen weg«, stammelte der Junge.

»Mensch Junge, wer hat das befohlen?«

»Die im Boot.«

Ich nahm die Treppe, lief ein Deck nach oben und konnte nun ins Boot hineinsehen: Sämtliche Stewards und Köche saßen drin. Eigentlich waren Stewards, das

Küchenpersonal, die Maschinenhelfer und Wäscher in die Messe auf dem Hauptdeck geschickt worden, um dort auf weitere Order zu warten. Das Krachen, als das Vorschiff gegen das Heck prallte und ein Lichtausfall aber hatten sie in Panik versetzt. So gaben sie dem Kleinsten an Bord Befehl, sie in Sicherheit zu bringen. Was sie nicht bedachten: Alleine hätte es der Moses gar nicht schaffen können, das Boot zu wassern, weil ihm die Erfahrung fehlte. Das Boot wäre auf halber Höhe umgekippt. Ich sagte nur: »Raus, ihr Idioten!«, und die Helden gehorchten.

Kurz darauf kam Kapitän Danielsen angelaufen. Mit wütendem Gesicht erkundigte er sich, ob wir den Funker gesehen hätten. Ja, antworteten wir, der stehe auf dem Schornsteindeck und hantiere mit einem Drachen herum. Danielsen eilte nach hinten und fauchte den Mann an: »Haben Sie S.O.S. gegeben?« Der Funker verneinte. Den Anblick, wie ihn Danielsen hinten am Kragen packte und vor sich her zur Brücke schob, werde ich nie vergessen. Danielsen hatte, als der Bug sich vor knapp zwei Stunden verselbstständigte, den S.O.S.-Befehl in die Funkerkabine gerufen. Dem Funker aber schien die Lage vorne auf der Brücke zu gefährlich, deshalb war er Drachensteigen gegangen. Dass es Kapitän und Funker schafften, sich entlang der von Wellen und Öl überspülten Laufbrücke zurück zur Kommandobrücke zu kämpfen, war eine bemerkenswerte Leistung – und wahrlich nicht ungefährlich.

Es dauerte nicht lange, bis ein Hubschrauber der U.S. Coast Guard am Himmel auftauchte. Um 7.58 Uhr – so stand hinterher in der *Washington Post,* die Geschichte zierte am 31. Dezember 1958 die Titelseite – wurde das Mayday in Cape May, New Jersey, registriert. Der Erste, der mit einem Seil an Bord des Hubschraubers gezogen werden sollte, war einer der Stewards. Er stieg nicht mit dem Oberkörper in den Ring ein, um sich festzuhalten, sondern mit den Beinen. Obwohl der Mann aus einiger Entfernung abzustürzen drohte, hallte Gelächter über die Decks, denn es sah wirklich komisch aus, wie er wild wackelnd und mit allen Körperteilen rudernd durch die Luft schwebte. Ob sich die Amerikaner auch amüsierten, weil sie glauben mussten, eine Besatzung von Komikern zu retten, weiß ich nicht, aber sie setzten sofort einen Offizier ab, um weitere Akrobatik zu verhindern.

Ich war als einer der Letzten an der Reihe. Alles lief reibungslos, und als der Hubschrauber am Strand von Ocean City aufsetzte, fühlte ich mich unglaublich erleichtert. Hunderte Schaulustige hatten die Bergungsaktion beobachtet und mit

Beifall begleitet. Um 11.46 Uhr waren alle gerettet, und in der *Baltimore Sun* wurde vermerkt, dass sogar Bordmaskottchen »Napoli«, ein weißer Mischlingsrüde, in Sicherheit war.

Wir bekamen Decken, warme Suppe, sogar hausgemachten Früchtekuchen brachte man in der Turnhalle vorbei, in der man uns einquartiert hatte. Wenn die Leute von Ocean City geahnt hätten, was noch auf ihre Stadt zukommen sollte, hätte es für uns statt Früchtekuchen ordentlich Ärger gegeben: Eine furchtbare Ölpest stand bevor, denn auch das Achterschiff leckte. Wenn ich heute die Artikel von *Washington Post* bis *Philadelphia Inquirer* lese, fällt mir auf, dass eine Ölkatastrophe mit keiner Zeile erwähnt wurde – und dies bei einem havarierten Tanker unmittelbar vor einem wunderschönen Strandabschnitt. Dass in allen Zeitungen Kapitän Danielsen mit den Worten zitiert wird, das Unglück sei ohne jede Vorwarnung geschehen und die *African Queen* einfach auseinandergebrochen? Ebenfalls interessant.

In der Seeamtsverhandlung konnte er sich natürlich nicht herausreden. Er wurde zum Ersten Offizier zurückgestuft. Dem Zweiten (der noch in den Tagen danach völlig verstört wirkte) und Ersten Offizier nahm man ihre Patente wegen des Feuerwerks von Verfehlungen ganz ab, und auch der Drachen steigen lassende Funker musste seine Karriere beenden, zumindest erzählte man sich das.

Viele Jahre später landete ich auf einer Urlaubsreise in Chicago O'Hare und kam mit einem Offizier der Einwanderungsbehörde ins Gespräch. Als er sagte, er stamme ursprünglich aus Ocean City, erzählte ich ihm meine Story. Er starrte mich entgeistert an und fragte: »Sie waren auf dem Unglücksschiff?« Ich fürchtete schon, kein Visum zu erhalten.

Dann erzählte er, was aus der Stadt wurde, nachdem das Schweröl die Strände verseucht hatte. Kein Tourist kam mehr nach Ocean City, und es sollte zehn Jahre dauern, bis die letzten Folgen der Havarie beseitigt waren. Hunderte, Tausende verloren ihre Jobs, das Seebad verkümmerte. Seine Familie, erzählte der Grenzbeamte, habe ihr Haus verkaufen müssen. Zu einem Spottpreis, denn die Immobilienpreise waren ins Bodenlose gefallen. Der Untergang der *African Queen* wurde zum Untergang einer kleinen Stadt.

Ich war damals nur Matrose, aber ich fühlte mich schlecht, als ich die Geschichte hörte. Wie viele Lebenswege in dieser Nacht eine andere Abzweigung nahmen? ⚓

Kapitän Thomas Marquardt, *1936 in Danzig geboren, kam zur Seefahrt, weil er nach dem Krieg keine Bäckerlehre antreten wollte. Nach der Schiffsjungenschule arbeitete er sich in der Bordhierarchie hoch und machte 1964 sein Kapitänspatent. 1970 beendete der zweifache Vater seine Laufbahn, als ihm »der Beruf keinen Spaß mehr machte«. Er wurde Niederlassungsleiter einer Großspedition. Marquardt lebt in Lübeck.*

6° 06' S ++ 106° 52' E ++ im Hafen von Jakarta · Indonesien ++ Turbinenschiff „Braunschweig" ++ 1966

DER JUNGE

Ein junger Mann reist als Tellerwäscher auf einem Frachter nach Indonesien, um seine vermeintliche Liebe zu treffen. Als der Traum platzt, verliert er den Verstand – drei Monate vor der Heimkehr.
HANS GERT FRANZKEIT möchte den Verzweifelten nicht in eine Irrenanstalt bringen. Was nun?

»Ich übernehme jetzt das Kommando. Wir fahren«, er hielt kurz inne, »zu meinem Guru nach Indien. Wir laufen aus! Sofort!«

Der Kapitän und ich, damals Erster Offizier der *Braunschweig*, starrten den jungen Mann an, der gerade auf die Brücke gestürmt war. Wir lagen im Hafen von Jakarta und beaufsichtigten, wie die Ladung gelöscht wurde: elf Eisenbahnwaggons zu je 36 Tonnen. Eigentlich sollte der »Junge«, wie ihn jeder an Bord nannte, mit anpacken. Aber in seinem Kopf war etwas durcheinandergeraten.

Als Tellerwäscher und Putzmann war der Junge in Hamburg eingestiegen. Er kam aus einem Eliteinternat am Bodensee, viel mehr wussten wir nicht; jemand aus der Schule kannte offenbar jemanden in der Leitung der Reederei. Ein stämmiger Kerl, ziemlich groß, braune Haare, insgesamt ein unauffälliger junger Mann, sehr zurückhaltend. Einem Matrosen hatte er anvertraut, dass er ein Mädchen in Jakarta besuchen wollte, mit der er sich seit Wochen Briefe schrieb. Liebesbriefe.

Offenbar war ihre erste Begegnung aber wenig amourös verlaufen, wie er uns mit leiser Stimme erzählte, nachdem ich ihn beruhigt hatte. Das Mädchen hatte ihn freundlich, aber kühl abblitzen lassen; die Briefe waren anscheinend nur eine Übung gewesen, ihr Englisch zu verbessern, geschrieben in der Gewissheit, dass sie den Adressaten nie zu Gesicht bekommen würde. Wir versuchten, den Jungen zu trösten und versicherten ihm, der Rest der Reise werde bestimmt ein schönes Abenteuer. Die Reise sollte entlang der Küste von Indonesien verlaufen, wo wir Stückgut aufnahmen. In den nächsten drei Monaten bis zur Rückkehr nach Hamburg werde sein Liebeskummer bestimmt über Bord gehen.

Schon am nächsten Tag aber meldete sich der Kammerkollege des Jungen. Ein Zusammenleben mit ihm sei nicht mehr möglich: Er schreie seit Stunden herum und habe Einrichtungsgegenstände zertrümmert. Ich ging hinunter, um mit dem Jungen zu reden. Er schien einsichtig und entschuldigte sich, doch kaum hatte ich die Tür hinter mir geschlossen, schlug er mit Gebrüll einen Stuhl gegen die Wand.

Wenig später kam der Bootsmann und bat um Hilfe. Der Junge hatte nun offenbar vollends den Verstand verloren und wütete in seiner Kammer, weshalb wir ihn vorsorglich einschlossen. Er schrie und tobte. Niemand konnte in diesem Lärm schlafen, aber noch schlimmer: Wir fürchteten, er könne sich an Glassplittern verletzen oder einen Stromschlag erleiden. Was tun? Wir hatten gehört, dass die Behandlung psychisch Kranker in Indonesien vor allem darin bestand, sie in kleine Käfige aus Bambus zu sperren.

Also bauten wir das Ladekontor um, polsterten die Wände mit Matratzen, klemmten die elektrischen Leitungen ab, befestigten die Blenden der Bullaugen so, dass immer frische Luft hereinströmen konnte. Kurzum: Wir bauten eine provisorische Gummizelle. Vielleicht, so hofften alle an Bord, würde sich der Zustand des Jungen normalisieren. Aber die Wochen vergingen, und es änderte sich nichts. Einmal am Tag durfte er unter Aufsicht einiger kräftiger Matrosen an Deck.

Wir fuhren immer weiter an Indonesiens Küste entlang. Wie immer war es eine anstrengende, sehr arbeitsreiche Reise. Die Schiffe glichen damals schwimmenden Fabriken, mit bis zu 50 Mann Besatzung. In den Jahren, in denen ich auf diversen Routen als Steuermann fuhr, erlebte ich schwerste Fälle von Malaria, den tödlichen Unfall eines Matrosen und heftigen Seeschlag, der drei Schwerstverletzte forderte; zu Beginn der Karriere plagten viele an Bord Geschlechtskrankheiten, und es dauerte Wochen, bis man sich einem Arzt anvertrauen konnte. Der Penizillinvorrat der Bordapotheke reichte nie aus. Uns blieb wirklich nichts erspart.

Das Schiff hatte 14 Ladetanks für Süßöl und Latex, die ständig gereinigt und durch Sachverständige kontrolliert werden mussten. Und immer wieder wurde ich zu unserem Patienten gerufen, wenn der mal wieder die Kontrolle über sich verlor. Anscheinend war ich der Einzige, der sein Vertrauen besaß und ihn beruhigen konnte.

In Pandjang an der Sundastraße, lagen wir auf Reede und luden Pfeffer für Singapur. Es bot sich eine seltene Gelegenheit für die Mannschaft, Fußball am Strand zu spielen. Ich hockte auf einem Stapel Baumstämme und sah ihnen dabei zu, als ich spürte, wie sich eine nasse Hand auf meine Schulter legte. Ich wusste instinktiv: Es war der Junge.

Einige Leute liefen herbei und deuteten mir, dass er vom Schiff gesprungen und quer durch die Bucht geschwommen war. Mehr als einen Kilometer weit, und es wimmelte hier von Haien. Wie hatte er sich nur aus seiner Kammer befreien können? Ich fragte ihn, doch er schmiegte sich nur an mich. Als wir nach dem Fußballspiel zurück aufs Schiff übersetzten, blieb er zum Glück ebenfalls ruhig. Sein Benehmen erinnerte nun an ein verschüchtertes Kleinkind. Wir schlossen ihn wieder in seiner Kammer ein. Ich ging zum Kapitän. Was ich nun erfuhr, mochte ich zunächst gar nicht glauben.

»Ich hatte Mitleid mit ihm in seinem Kabuff, darum habe ich die Tür geöffnet«, erklärte er. War das zu glauben? Der Kapitän litt, wie sich herausstellen sollte, ebenfalls unter psychischen Problemen. Er nahm sich einige Jahre später auf einem anderen Schiff das Leben.

Was war nun zu tun? Ich musste handeln. Als wir wieder in Jakarta einliefen, alarmierte ich unseren Agenten, der versicherte, er werde helfen. Nach längeren Telefonaten erreichte er, dass wir den Jungen in die psychiatrische Abteilung des Universitätskrankenhauses bringen konnten. Einigen Matrosen gelang es nach einer Rangelei, den Jungen festzuhalten und in einer Krankentransporthängematte zu verschnüren, die eigentlich für die Übergabe von Verletzten gedacht war; eine Art Trage aus schwerem Segeltuch. Der Junge brüllte und wand sich darin wie ein gefangenes Tier. Wir legten ihn im Jeep der Agentur auf eine Matratze und fuhren los.

Eine schnurgerade Straße führte vom Hafen Tandjung Pirok in die Stadt; weit und breit stand kein Baum, der Schatten spendete. Die Hitze war kaum zu ertragen. Besonders schlimm musste es für den Jungen sein, in seinem Paket aus Segeltuch. Er schrie und winselte. Wir stoppten und kauften am Straßenrand, trotz aller Bedenken wegen der hygienischen Verhältnisse, eine Kanne mit Fruchtsaft. Der Junge nahm einen tiefen Schluck – aber nur, um eine Fontäne auszustoßen und sich darüber zu freuen.

Als wir im Krankenhaus eintrafen, brüllte er dann wieder so laut, dass die Ärzte – allesamt klein gewachsene Männer – verschreckt zurückwichen. Niemand traute sich, ihm die Fesseln abzunehmen. Einer der Mediziner gab einer Schwester schließlich die Anweisung, eine Spritze durch das Segeltuch hindurchzugeben. Die Frau schüttelte den Kopf und bat uns, das Tuch ein wenig zu öffnen und verabreichte das Beruhigungsmittel. Ohne Wirkung. Nach der zweiten Injektion beruhigte sich der Patient so weit, dass man ihn in ein Zimmer am Ende des Flures brachte. Ein angenehm kühler, ruhiger Raum, mit offenen Arkaden zu einer Art Innenhof, in dem Palmen wuchsen.

Die Krankenpfleger öffneten nun die Hängematte und legten den Jungen, der vorübergehend keine Gegenwehr leistete, auf ein sauberes Bett. Er genoss die Kühle an seinem Rücken, doch während er sich noch streckte, erschienen zusätzliche Helfer mit weißen Flanellbinden in den Händen und fesselten ihn ans Bett. Er versuchte noch, sich aufzubäumen. Wie ein gefangener Riese. Kurz darauf schlief er ein, die Medikamente wirkten. Es war das letzte Mal, dass ich ihn sah.

Zurück an Bord erfuhr ich von der Krankengeschichte des Jungen. Schon in einem anderen Fall war er zu seiner vermeintlichen Liebe nach Frankreich gereist und hatte damit gedroht, sich von einer Klippe ins Meer zu stürzen. Man verschrieb ihm Psychopharmaka und eine Therapie. Wie er es wohl geschafft hatte, von den Behörden die Gesundheitskarte zur Anmusterung zu bekommen? Gleich zu Beginn unserer Reise hatte er seine Medikamente über Bord geworfen – deshalb kam es zum Rückfall.

Ich konnte das Schicksal des Jungen lange nicht vergessen. Als ich Jahre später als Kapitän wieder nach Indonesien kam, fragte ich in Jakarta herum, was mit ihm geschehen war. Jemand erzählte, ein deutscher Arzt habe ihn in eine Klinik in den Bergen mitgenommen und dort behandelt. Jemand anderes berichtete, er habe den Jungen danach oft durch den Hafen irren sehen – wie ein Gespenst. Bis sich schließlich ein anderer Kapitän erbarmt und ihn zurück nach Deutschland gebracht habe. ⚓

Kapitän Hans Gert Franzkeit *wurde 1935 in Düsseldorf geboren. Schon als Kind faszinierten ihn Bücher über die Seefahrt. 1950 fuhr der Rheinländer zwei Jahre lang auf einem Schleppkahn, der Kohle und Eisenerz auf dem Rhein zwischen Straßburg und Antwerpen transportierte. Mit einem Freund machte er sich dann auf den Weg nach Hamburg, um die Welt zu bereisen. Seit 1954 arbeitete er für die Reederei Hapag, erwarb 1961 das Patent zum Kapitän und erhielt 1968 sein erstes Kommando. 1971 wechselte er zur Seeberufsgenossenschaft, wurde Leiter des nautischen Referats und avancierte zum international gefragten Experten für Sicherheitsfragen. Franzkeit lebt in Hamburg.*

53° 42' N ++ 07° 42' E ++ deutsche Nordseeküste ++ Seenotboot „Neuharlingersiel" ++ im Winter 2006

»WIR KÖNNEN DAS. WIR MACHEN DAS«

Fischer mit Motorschaden, verunglückte Segler, Krankentransporte von den Inseln – Seenotretter laufen aus, um anderen zu helfen. In jedem Wetter. Und ohne Furcht.
Zweifel kamen Vormann WOLFGANG GRUBEN nur, als sein Bruder während eines Einsatzes sein Leben verlor.

Wenn die Seenotzentrale in Bremen auf meinem Handy den nächsten Einsatz meldet, steige ich auf mein Rad und fahre los. Zum Boot ist es nicht weit. Seit Generationen lebt meine Familie am Hafen von Neuharlingersiel, einer kleinen Fischersiedlung an der Nordseeküste. Alle Retter unserer Station wohnen in Nachbarschaft der Pier. Es dauert nur wenige Minuten, bis ich an ihre Fensterscheiben geklopft, »Jungs, geiht wieder los!« gerufen habe und wir mit unserem Seenotboot auslaufen.

Unser Einsatzgebiet ist die Nordsee rund um die Inseln Spiekeroog und Wangerooge. Im Alltag helfen wir Fischern mit Maschinenproblemen, kümmern uns um verirrte Segler oder transportieren Kranke von den Inseln ans Festland. In jedem Wetter, gegen jede Windstärke laufen wir aus. Drei Mann Besatzung auf einem 9,5 Meter langen Boot, das nach unserer Station *Neuharlingersiel* benannt wurde. Ein kleines Schiff, aber wir haben Vertrauen, denn wir wissen, dass es viel aushält.

Besonders im sehr stürmischen Winter des Jahres 2006, in dem vor den Nordergründen der Kutter *Hoheweg* sank und vier Fischer ertranken, gab es viel zu tun. Wenige Tage vor Weihnachten erhielten wir den Hilferuf einer jungen Frau von Spiekeroog, die über starke Bauchschmerzen klagte. Der Wind wehte in dieser Nacht mit 12 Beaufort, und ich fragte die Zentrale sicherheitshalber, ob der Transport wirklich notwendig war. Als ich mit meinem Rad am

Anlegeplatz ankam, riss der Sturm gerade den Weihnachtsbaum aus der Verankerung. Es wurde eine Fahrt wie auf einer Achterbahn.

Unsere Patientin, die wir wegen der meterhohen Wellen auf einer Trage angeschnallt hatten, wurde zu ihrem Leiden auch noch seekrank. Ein Martyrium. Normalerweise benötigen wir etwa 20 Minuten für die Strecke, aber in dieser Nacht dauerte es mehr als eine Stunde. Endlich in Neuharlingersiel angekommen, konnten wir nicht an unseren Liegeplatz, weil der Sturm Wassermassen in den Hafen hineindrückte. Die Kaimauer war überspült.

Also gingen wir bei einem Kutter längsseits, machten fest und trugen die junge Frau an den Netzen vorbei an Land. Eine recht wacklige Angelegenheit, aber alles ging gut. Wir kamen gerade noch rechtzeitig, denn die Reifen des wartenden Krankenwagens standen bereits ziemlich tief im Wasser. Zum Glück ging es der Frau in der Klinik bald besser.

In einem anderen Notfall halfen wir drei jungen Seglern, die ausgerechnet auf dem ersten Törn mit ihrer neuen Jacht auf Grund gelaufen waren. Sie kamen von Borkum und wollten nach Kühlungsborn in der Ostsee, doch vor Spiekeroog war ihnen eine Sandbank im Weg. Gegen 17 Uhr trafen wir mit der *Neuharlingersiel* ein, konnten aber nicht viel unternehmen. Bei ablaufendem Wasser steckte der Segler so fest im Schlick, dass es unmöglich war, ihn freizuschleppen. Wir versprachen, zur Flut wiederzukommen.

Als wir um kurz nach neun abends wieder eintrafen, hatte der Wind deutlich aufgefrischt. Die Wellen spritzten über Bord, und man konnte deutlich spüren, wie unwohl sich die drei jungen Männer fühlten. Erst nach mehreren Versuchen gelang es uns, die Jacht freizubekommen – und nun bemerkten wir, dass sie ein Leck hatte. Sogar ein ziemlich großes Leck, denn das Boot nahm schnell Wasser.

Die Segler begannen, mit Eimern zu schöpfen, aber auch mithilfe unserer Pumpen kamen sie nicht gegen den Wassereinbruch an. Die einzige Lösung: Wir mussten so rasch wie möglich den nahe gelegenen Hafen von Spiekeroog erreichen. Wenn es richtig kritisch werden sollte, würden wir die Männer schnell aufnehmen und das Boot eben auf Tiefe gehen lassen – aber alle wollten versuchen, es noch zu retten. Obwohl die Segler bereits bis zur Gürtellinie im Wasser standen und der Wind weiter zunahm.

Ein junger Mann bekam in den nächsten Minuten auch leichte Panikattacken, aber gemeinsam konnten wir ihn beruhigen. Wir schafften es nach Spiekeroog. Was am Ende dann doch keinen großen Erfolg brachte: Das Boot sank im Hafenbecken. Totalschaden. Freundliche Insulaner brachten den unglücklichen Seglern warme Decken, Kannen mit heißem Tee und trockene Kleidung; man quartierte sie für den Rest der Nacht im Kinderheim ein.

Die Seenotrettung hat Geschichte in meiner Familie, schon mein Großvater und mein Vater waren für die Gesellschaft im Einsatz. Auch die Tätowierung auf dem Unterarm gehört zur Tradition: Sie zeigt zwei Hände, die vor untergehender Sonne ineinandergreifen. Ich kam zur Deutschen Gesellschaft zur Rettung Schiffbrüchiger, als ich vom Fischerboot auf die Fähre der Spiekeroog-Reederei wechselte, was bedeutete, dass ich nicht mehr nachts zum Krabbenfang auf See musste. Der damalige Vormann sprach mich an. Nachts gehen seit jeher die meisten Notfälle ein, und er benötigte Unterstützung. Ich willigte per Handschlag ein, das war im Sommer 1969. Seitdem bin ich dabei. Nur einmal habe ich kurz überlegt aufzuhören. Als mein jüngerer Bruder Bernhard bei einem schweren Unglück auf dem Kreuzer *Alfried Krupp* ums Leben kam. Aber dann dachte ich: Das macht Bernd, wie ihn alle nannten, auch nicht wieder lebendig.

Ich rede eigentlich nicht gerne über diese schreckliche Zeit. Mein Bruder, Vormann der Station auf Borkum, hinterließ Frau und fünf kleine Kinder. Maschinist Theo Fischer, der in der Nacht auf den 2. Januar 1992 ebenfalls starb, hatte drei Kinder. Zwei weitere Seenotretter wurden während des Einsatzes verletzt.

Am Neujahrstag tobte ein schwerer Sturm, und vor der niederländischen Küste war ein Frachter in Schwierigkeiten geraten. Zwei holländische Seenotrettungsboote liefen aus. Als eine Welle einen Kollegen von Bord riss, leitete man sofort eine große Suchaktion ein, an der sich Einheiten der gesamten Küste beteiligten. Auch der Kreuzer meines Bruders. Nach zweieinhalb Stunden entdeckte ein Hubschrauber den Schiffbrüchigen in der aufgewühlten See und konnte ihn bergen. Alle Einheiten steuerten ihre Heimathäfen an.

Auf der *Alfried Krupp* hatte sich Rettungsmann Bernhard Runde während der Fahrt ins Suchgebiet im Gesicht verletzt und blieb unter Deck; Theo Fischer nahm seinen Platz im Ausguck ein. Mein Bruder Bernd stand – von Leinen gesichert – auf der Backbordseite des Fahrstandes. Um 22.14 Uhr wurde der Kreuzer von mehreren starken Grundseen erfasst. Er drehte aus dem Kurs, wurde von gewaltigen Wassermassen überrollt und kenterte durch.

Der Kreuzer setzte kieloben mit voller Wucht durch, dann richtete er sich wieder auf. Teile der Ausrüstung wurden aus der Verankerung gerissen und bohrten sich in die Decke. Zwei Scheiben waren eingeschlagen. Wasser drang ein und beschädigte die Elektrik. Beide Seitenmotoren stellten sich ab, die Mittelmaschine fiel aus. Ohne Elektrik, ohne Motorkraft trieb der Kreuzer manövrierunfähig im Sturm. Der Mast war geknickt, die Reling niedergedrückt, der obere Fahrstand schwer beschädigt.

Das Schrecklichste aber: Theo Fischer, der sich im Moment vor der Grundsee auf den Weg zur Maschine gemacht hatte, war nicht mehr an Bord. Eine Welle hatte ihn fortgerissen. Mein Bruder hatte die Durchkenterung überstanden, war aber verletzt. Dietrich Vehn, der sich im unteren Fahrstand befand, hatte das Fußgelenk gebrochen. Bevor das Funkgerät ausfiel, gelang es den Männern noch, einen Notruf abzusetzen. Sie schossen auch Leuchtmunition in den Himmel, die an Land gesehen wurde.

Sofort lief eine große Hilfsaktion an. Ein Hubschrauber der deutschen Marine entdeckte den Havaristen um 23.50 Uhr. Zehn Bergungsversuche aber scheiterten im Orkan, die Wellen waren zu hoch. Mein Bruder hielt sich am Strecktau fest und versuchte, in der Mitte des Vorschiffes das Windenseil zu greifen. Was ihm in der schweren See und wegen der heftigen Rollbewegungen nicht gelang. Das Schiff legte sich bis zu 100 Grad auf die Seite.

Er entschloss sich, zu den Kollegen Runde und Veh zu hangeln, die sich auf dem Aufbau gesichert hatten. Bei diesem Versuch erfasste ihn eine große Welle und riss ihn fort. Das Lichtsignal an seiner Rettungsweste war noch kurz zu sehen, dann verschwand er in der tosenden See.

Der Besatzung des Kreuzers *Otto Schülke* gelang es, eine Leinenverbindung herzustellen und den Havaristen später ins niederländische Eemshaven zu schleppen. Mit zunehmender Verzweiflung versuchten Rettungskreuzer, Einheiten von Marine, Bundesgrenzschutz und Zoll, die beiden Schiffbrüchigen zu finden. Auch die Fischer unseres Heimatdorfs Neuharlingersiel liefen mit ihren Kuttern aus, um zu helfen. Die Suche dauerte bis in die Abendstunden des 4. Januar. Dann gab es keine Hoffnung mehr.

In der Nacht des Unglücks hatte ich einen Anruf der Seenotzentrale in Bremen erhalten, gegen 3 Uhr morgens. Ich war wie betäubt. Ich wusste sofort: Bernd ist verloren. Mit dem Rad bin ich zu meiner Schwägerin gefahren, das war so unheimlich schwer, das tat so weh, ihr die Nachricht zu überbringen. Mein Vater, damals 80, wollte es nicht glauben. Dann habe ich meine Geschwister informiert. Ich bin der Älteste von acht, einer musste es machen. Zwei Tage war ich hinterher auf Null.

Natürlich denke ich manchmal an meinen Bruder, wenn ich in einem Sturm auslaufe. Aber Angst? Angst habe ich nicht. Wer Angst hat, der darf nicht rausfahren. Ich habe zwei Sätze geprägt, die zu einer Art Leitspruch der *Gesellschaft* wurden.

Wir können das. Wir machen das. ⚓

Vormann Wolfgang Gruben *kam 1940 in Neuharlingersiel zur Welt. Wie fast alle Männer im Ort wurde er Fischer und fuhr auf Kuttern bis hinauf zu den Shetlandinseln und nach Norwegen. 1963 machte er sein Kapitänspatent und arbeitete in den nächsten Jahren für die Spiekeroog-Reederei. Seit 1969 rettet Gruben als freiwilliger Helfer Leben. Er ist stellvertretender Hafenmeister von Neuharlingersiel und lebt in seinem Geburtsort.*

Seit Gründung *der Deutschen Gesellschaft zur Rettung Schiffbrüchiger am 29. Mai 1865 haben 45 Rettungsmänner ihr Leben im Einsatz verloren.*

21° 52' N ++ 92° 44' W ++ Golf von Mexiko ++ Frachter „Eva Maria" ++ 25. Januar 1978

BETEN FÜR DIE »EVA MARIA«

PETER LUNAU ist auf dem Weg in die Koje, als eine Explosion das Schiff erschüttert. Flammen schlagen so hoch wie der Mast. Lunau zögert nicht: Er lässt die Mannschaft in die Rettungsboote steigen.
Nun beginnt für die Schiffbrüchigen eine Reise ins Ungewisse – und für die Angehörigen daheim eine Zeit des Bangens.

Im Leben jedes Kapitäns gibt es Momente, in denen er so alleine ist, wie ein Mensch nur alleine sein kann. In diesem Augenblick muss man eine Entscheidung treffen, ohne zu zögern, und die Verantwortung dafür, wenn sie falsch war, nimmt einem niemand ab. Verlasse ich mein Schiff? Warte ich noch? Hinterher ist man froh, wenn man richtig lag – was in meinem Fall 26 Männern das Leben rettet.

Ich komme gerade aus der Dusche, als eine schwere Explosion die *Eva Maria* erschüttert. Die Tür des Badezimmers fliegt aus den Angeln und von der Decke lösen sich Teile der Holzverkleidung. Mein erster Gedanke ist: Wir haben etwas gerammt. Ich nehme die Treppe zur Brücke, zweimal sieben Stufen, das weiß ich noch genau. Und dann sehe ich, dass wir nichts gerammt haben. Das Schiff brennt. Eine Flammenwand, höher als der Mast. Ein Inferno.

Es ist Mittwoch, der 25. Januar 1978, 23.46 Uhr.

Mit einem Handgriff stoppe ich die Hauptmaschine und gebe Alarm. Der Erste Offizier Friedrich Hill und der Zweite Ingenieur Frank Holschuh sind inzwischen auf die Brücke geeilt, aber wir können nichts tun. Eine genaue Kontrolle des Schadens ist wegen der Größe des Brandes nicht möglich. Zwar läuft die Feuerlöschpumpe, doch es gelangt kein Wasser an Deck, weil die Druckwelle die Leitungen zerstört hat. Das Schiff sackt nach vorne weg. Um 23.55 Uhr steht meine Entscheidung fest: S.O.S. geben! Rettungsboote besetzen! Alle Mann von Bord!

Der Elektriker Peter Dams läuft zum Maschinenraum, um die Befehle weiterzugeben, denn die Sprechverbindung ist zusammengebrochen.

Bis zu diesen Minuten war es eine ganz alltägliche Reise gewesen. Ich hatte auf der Karibikinsel Puerto Rico eine Woche zuvor das Kommando über die *Eva Maria* übernommen, einen Linienfrachter von 9841 Bruttoregistertonnen, 150 Meter lang und 21 Meter breit, unter liberianischer Flagge. Unsere Ladung: Baumaschinen, Fernsehgeräte, Parkettholz – und eine fünf mal vier Meter große Holzkiste, die von der amerikanischen Küstenwache (die in Puerto Rico die Schiffsladungen inspizierte) besonders genau untersucht worden war. Darin befanden sich knapp drei Tonnen Sprengkapseln aus Brasilien, bestimmt für ein mexikanisches Bergwerk.

Nachdem wir die Korallenriffe der Campeche-Bank im Golf von Mexiko passiert hatten, waren es noch knapp 200 Seemeilen nach Veracruz, dem nächsten Hafen. Der Wind kam mit 7 Beaufort aus Nord-Nordwest. Eine ganz gewöhnliche Passage, während der ich im Bordbuch keine besonderen Vorkommnisse verzeichnete.

Innerhalb von fünf Minuten sind die Rettungsboote klar. Meine große Sorge aber ist, dass wir jemanden an Bord vergessen haben könnten. Ich laufe sämtliche Gänge ab und schaue in die Kabinen, während der Chief den Maschinenraum absucht. Als wir sicher sind, dass wir niemanden zurückgelassen haben, werden die Rettungsboote gefiert. Wir zählen noch einmal durch: 26 Mann, 21 von den Philippinen, der Rest aus Deutschland, alle an Bord, niemand verletzt. Es ist zehn Minuten nach Mitternacht.

Damit wir uns in der rauen See nicht verlieren, verbinden wir die Boote mit einer Schleppleine und entfernen uns unter Motorenkraft etwas von der *Eva Maria*. Wie schwer der Schaden ist, können wir bereits jetzt erkennen: Der Bug liegt unter Wasser, die Schraube ragt aus dem Wasser. An der Luvseite treiben brennende Ladungsgegenstände auf dem Wasser; Diesel ist aufgetrieben und hat sich entzündet. Das Meer brennt. Ein gespenstischer Anblick.

An Bord der Rettungsboote werden die ersten Besatzungsmitglieder seekrank; der Wind kommt mit 7 Beaufort aus Nord, die Dünung ist hoch. Um 0.30 Uhr taucht das brennende Wrack bis zum Hauptdeck ins Wasser ein. Noch vier Stunden können wir die Notbeleuchtung an Bord erkennen, dann wird es dunkel auf der *Eva Maria*. Wir bleiben in der Nähe, achten aber darauf, nicht mit brennenden Teilen und dem brennenden Ölteppich in Kontakt zu kommen.

Als der Morgen dämmert, entschließe ich mich, noch einmal an Bord zu gehen, um Maschinenraum und Funkstation zu überprüfen. Wir haben trotz des abgesetzten S.O.S. noch immer keinen Kontakt mit einem anderen Schiff oder einem Suchflugzeug. Der Maschinenraum steht fast vollständig unter Wasser; im Funkraum sind die meisten Geräte aus den Halterungen gesprungen und defekt. In den Gängen, in den Kabinen, überall sind die Schäden der Explosion zu erkennen. Vor der Ladeluke 4 ist die *Eva Maria* abgebrochen. Ich gehe zurück ins Boot.

Um elf Uhr bekommt das Wrack starke Schlagseite. 20 Minuten später sinkt es, taucht über den Bug ein ins Meer. Ein Zischen, ein Brodeln, dann bleibt nur noch ein Ölfleck auf dem Wasser. Die Seeleute haben ihre Mützen abgenommen. Schweigend sehen wir zu. Für einen Seemann ist es ein beklemmender Anblick, sein Schiff sinken zu sehen.

Ich lasse die Motoren anwerfen und steuere Kurs Südost, um die mexikanische Küste zu erreichen. Weil die Besatzungen unter Seekrankheit leiden, setzen wir zusätzlich die Segel, damit die Boote ruhiger im Wasser liegen. Große Sorgen mache ich mir nicht: Wir haben Wasser und Proviant für zehn Tage, Treibstoff für zwei Tage, einen Kompass; mit Leuchtraketen könnten wir ein vorbeifahrendes Schiff auf uns aufmerksam machen. Die Boote wurden regelmäßig gewartet, sind in tadellosem Zustand und das Wetter ist, abgesehen vom Wellengang, erträglich. Die Temperatur beträgt 20 Grad. Ich bin sicher, dass wir die Küste erreichen.

Die Stimmung an Bord ist entspannt. Die erste Mahlzeit: vitaminreiche Trockennahrung, in Stangenform. Als es wieder dämmert, versuchen die Männer, ein wenig Schlaf zu bekommen. Die Filipinos, fast alle katholisch, beten. Wir segeln mit Kurs Südost durch die Nacht.

Für unsere Angehörigen beginnt eine Zeit der bangen Ungewissheit. Die amerikanische Küstenwache hat in der Zwischenzeit die Unglücksstelle erreicht, aber kein Zeichen von Überlebenden entdecken können. Wir gelten als vermisst. Sensationsgierig ist das Verhalten mancher Medien. Sie versuchen mit allen Mitteln, an Informationen zu kommen. Ein Redakteur einer großen Boulevardzeitung ruft sogar meine Frau Barbara an, um ihr eine Lüge aufzutischen: Die Agenturen hätten von drei Überlebenden berichtet – ob sie wisse, wer das sei? Immer wieder klingelt es zu Hause auf dem Holm in Schleswig an der Tür. Meine Frau entschließt sich, unsere drei Töchter aus der Schule zu nehmen.

In den Rettungsbooten gibt es viel zu tun. Ein Mast bricht, lässt sich aber nach kurzer Zeit zusammenlaschen und wieder setzen. Die Situation wird gemeistert. Eine Bö reißt unsere einzige Seekarte von Bord. Für die Nacht bergen wir die Segel und takeln die Spritzverdecke auf; die Seen sind steil und hoch, Wind mit 6 Beaufort aus Nord.

Am nächsten Morgen, um 5.30 Uhr, schreit einer der Filipinos: »Ein Schiff, ein Schiff!« Etwas ist da am Horizont, etwa zehn Seemeilen vor uns. Euphorie an Bord, wir schießen Leuchtraketen ab. Doch keine Reaktion. Zwei Stunden laufen wir auf die Sichtung zu, dann ist klar: Es ist kein Schiff, sondern eine Ölplattform. Die *Sedco 135*, eine amerikanische Bohrinsel, knapp 80 Seemeilen vor der Küste.

Wir sind gerettet!

Um 11 Uhr gehen wir an der Plattform längsseits und werden mit einem Kran an Bord genommen und sehr herzlich versorgt. Wir bekommen erst mal starken Kaffee und frische Kleidung. Die US-Küstenwache wird verständigt, und ich rufe meine Reederei an. Unsere Familien erfahren, dass wir in Sicherheit sind. Am Abend holt uns ein Patrouillenboot der mexikanischen Marine ab. Am Sonntag, dem 29. Januar 1978, erreichen wir am Vormittag nun doch Veracruz. Aus dem Hotel telefoniere ich mit meiner Frau. Die Mannschaft wird in einem Krankenhaus untersucht, alle sind wohlauf. Im Hotel zahle ich den Männern ihre Heuer aus. Sie fliegen in die Heimat.

Für mich verzögert sich die Rückkehr noch etwas, denn ich gebe während einer Seeamtsverhandlung in Mexiko-Stadt Auskunft über die Ereignisse in der Nacht der Explosion. In der Hauptstadt kursieren Gerüchte: War es ein Terroranschlag? War es das Werk aufständischer Rebellen? Die innenpolitische Lage Mexikos ist zu diesem Zeitpunkt alles andere als stabil.

Eine Untersuchung wird später ergeben, dass sich das Verpackungsmaterial selbst entzündet hat, durch den Wechsel von Feuchtigkeit zu Trockenheit – und dann flogen die Zünder für das Bergwerk in die Luft. Der Untergang wird mich drei Jahre juristisch beschäftigen, bis zu einer Seeamtsverhandlung in Hamburg. Den amerikanischen Versicherern entstand ein Schaden von mehr als 40 Millionen Dollar.

Daheim in Schleswig freue ich mich auf den Empfang meiner Familie. In unserem Viertel, dem Holm, haben alle Nachbarn zur Feier des Tages die Flagge Schleswig-

Holsteins gesetzt, das macht man bei uns so. Mit einem kleinen Umtrunk feiern wir meine Rückkehr. In den nächsten Tagen erhalte ich viel Post: Menschen, die ich gar nicht kenne, schreiben, dass sie sich über unsere Heimkehr freuen. Dem *Stern* erzähle ich in einer großen Reportage, wie es war. Einen Monat später geht für mich der Alltag als Kapitän wieder los; ich übernehme das Kommando des nächsten Schiffs. Albträume von der Explosion der *Eva Maria* haben mich zum Glück nie verfolgt. Sicher liegt es daran, dass ich die richtige Entscheidung getroffen habe und es keine Verletzten oder gar Tote gab. ⚓

Kapitän Peter Lunau *wurde 1938 in Schleswig geboren und wuchs auf dem Holm, dem Fischerviertel der Stadt, auf. Schon früh entdeckte er seine Faszination fürs Meer und arbeitete nach der Seemannsschule in Hamburg als Matrose. 1967 machte er sein Kapitänspatent und fuhr bis zu seiner Pensionierung 2003 weltweit für die Reederei F. Laeisz. Lunau hat drei Töchter. Er lebt im Schleswig, auf dem Holm.*

SAR

53° 56' N ++ 8° 40' E ++ Mündungsgebiet der Elbe · Deutsche Bucht ++ Seenotkreuzer „Hermann Helms" ++ im August 1998

DIE PISTOLE IM BROTKASTEN

»Mann über Bord«, meldet ein Ausflugsdampfer. Als die Retter des Seenotkreuzers »Hermann Helms« eintreffen, erwartet sie ein seltsamer Notfall: Der Schiffbrüchige will sich nicht retten lassen und greift seine Helfer an.
Bis Vormann JÖRG BÜNTING sogar eine Waffe in Sicherheit bringen muss.

Der Hilferuf erreichte uns an einem Sommertag, kurz nach Mittag, als die Sonne aus einem Himmel ohne Wolken schien und die Nordsee ruhig da lag wie eine große Pfütze. Ein Ausflugsdampfer auf Butterfahrt meldete: »Mann über Bord!« Seine Position: im Mündungsgebiet der Elbe, etwa auf Höhe von Tonne Nummer 44. »Mann über Bord« ist das Schlimmste für einen Seemann. Höchste Alarmstufe.

Für uns bedeutet der Notruf: »Hebel auf den Tisch!«, weil wir die Metallgriffe, mit denen wir das Tempo regulieren, fast auf die Tischplatte drücken. Innerhalb von drei Minuten sind wir einsatzbereit, die Motoren werden jederzeit vorgewärmt. Es kam schon vor, dass der Vormann (so heißt der Kapitän eines Rettungskreuzers) im Schlafanzug losraste, weil er länger brauchte, um einsatzbereit zu sein, als sein Schiff.

Man muss wissen: Vier Mann arbeiten rund um die Uhr auf unseren Kreuzern, zwei Kapitäne und zwei Ingenieure, zuständig für die Maschine. Die *Hermann Helms* – 27 Meter lang, 6,53 Meter breit und 3194 PS stark – liegt am Ende einer langen Pier, am Rande des Fährhafens von Cuxhaven. In weniger als einer halben Stunde würden wir die Position des Ausflugsschiffs erreicht haben.

Wir pflügten mit 23 Knoten durch die See, äußerste Kraft voraus. Ich konnte durch mein Fernglas schon aus einiger Entfernung erkennen, dass das Ausflugsschiff ein Beiboot ausgesetzt hatte, um den Schiffbrüchigen zu bergen. Was nicht unbedingt Erfolg versprechend aussah, denn ich konnte einen jungen Mann in tadellos weißer Uniform erkennen, der damit beschäftigt war, sich an Bord des Beiboots zu halten, statt wirklich zu helfen. Vor allem aber schien es, als wollte sich der Schiffbrüchige gar nicht helfen lassen. Immer, wenn das Boot in seine Nähe kam, tauchte er wieder ab.

Seltsam.

Auch ein Schiff des Wasser- und Schifffahrtsamtes war zu Hilfe geeilt. Die Matrosen im Rettungsboot zögerten nicht lange. Wir waren jetzt so nah dran, dass ich sehen konnte, wie kräftige, tätowierte Arme ins Meer griffen, den Schiffbrüchigen packten und mit einem Ruck herauszogen. Den schien das gar nicht zu freuen, denn er schlug nach seinen Rettern, was sich die Matrosen gefühlte fünf Sekunden lang gefallen ließen. Nach einigen Ohrfeigen beruhigte sich der Schreihals.

Der Tumult hatte sich gelegt, aber es war klar, dass neuer Ärger drohte, weil der Mann offenbar nicht ganz bei Sinnen war. Wie bekamen wir ihn ohne Gefahr für ihn und uns an Land? Wir entschieden, für den ersten Schritt unser Tochterboot *Biene* auszusetzen, mit dem das Rettungsboot leichter zu erreichen war. Ich fuhr damit hinüber, dankte den Matrosen und nahm den Verwirrten in Empfang. Zack, zog ich ihn mit einem kräftigen Griff von Bord zu Bord.

Sofort begann der Mann – Mitte 30, ziemlich groß und breitschultrig gebaut –, auch nach mir zu schlagen, zu spucken und wüste Beschimpfungen zu brüllen. Ich drückte ihn vorsichtshalber auf den Boden der *Biene*. In meiner Freizeit arbeite ich in der Nähe von Aurich als Landwirt, man sagt mir nach, dass ich ein wirklich starker Ostfriese bin. Einmal zum Beispiel mussten wir bei einem Einsatz ein Pferd retten, das von einer Weide ins Watt entlaufen war und beim Einsetzen der Flut zu ertrinken drohte. Ich bekam das Zaumzeug zu fassen und zog den Gaul solange hinter dem Schlauchboot her, bis er wieder festen Boden unter den Hufen hatte. Das dauerte knapp eine Stunde, machte mir aber nichts aus.

Wer jetzt aber denkt: Oha, diese Seenotretter, die haben aber einen aufregenden Beruf! Die brausen durch den Sturm, die retten sogar Leute, die sich gar nicht retten lassen wollen – der weiß nichts von unserem Alltag. Tatsächlich ist unser Job manchmal spektakulär, wenn wir losrasen, angeschnallt in unsere Schalen auf dem Steuerturm. Aber es gibt auch viel Routine, sehr viele Stunden Warterei, noch mehr Training. Immer wieder üben wir auch einfache Manöver und Handgriffe, um in einer Ausnahmesituation, bei 11 Beaufort oder neben einem brennenden Kutter, perfekt reagieren zu können. Als Seenotretter zu arbeiten heißt, Teil eines Teams zu sein. Für Egoisten und Einzelkämpfer ist kein Platz auf einem Kreuzer.

Wobei man bei manchem Einsatz gewisse Nahkampfqualitäten beweisen muss. Am Wirkungsvollsten schien mir zu sein, dem Randalierer, wenn es drohte, kritisch zu werden, an den Hals zu packen. Ich sage mal: Ihm den Gashahn zuzudrehen, dann war Ruhe an Bord. Ob ich die Situation als bedrohlich empfand? Wieso? Ich hatte doch alles im Griff.

Ein Polizeiboot traf ein. Der Beamte stieg auf die *Biene* ein und schaffte es, beruhigend auf den Krakeeler einzureden. Er hatte in der psychologischen Schulung offenbar besser aufgepasst als ich. Weil wir Worten alleine nicht trauten, ketteten wir ihn vorsichtshalber mit Handschellen an Bord, damit er nicht noch mal ins Meer sprang. Alles schon passiert: Da war beispielsweise ein Autodieb, der auf der Flucht vor der Polizei versucht hatte, rüber nach Schleswig-Holstein zu entkommen. Als Brustschwimmer.

An Bord der *Hermann Helms* begleiteten wir den Schiffbrüchigen von Tonne 44 in die Mannschaftsmesse. Die Messe ist unser Wohnzimmer, das aber zweckmäßig eingerichtet sein muss, weil wir dort im Ernstfall auch Verletzte versorgen. Trotzdem versuchen wir, die Unterkunft so gemütlich wie möglich zu gestalten, zum Beispiel mit Plaketten an den Wänden und einem kleinen Teddy im orangefarbenen Überlebensanzug.

Im Abstand von Minuten bekam unser Passagier einen merkwürdigen Glanz in den Augen und flippte aus. Einmal versuchte er, sich loszureißen und nach der Dienstwaffe des Polizisten zu greifen. Ich schloss die Pistole lieber in der Kombüse weg, in den Brotschrank, um genau zu sein. Einigermaßen angesäuert warnte ich den Mann, nicht unsere Einrichtung zu beschädigen, sonst… na ja, es waren recht deutliche Worte, die er nicht missverstehen konnte. Man muss auch mal zeigen, wer Herr an Bord ist.

Meine Ansage und die etwas liebevollere Betreuung durch den Polizisten bewirkten, dass wir ohne weitere Aufregungen in Cuxhaven einlaufen konnten, wo ein Großaufgebot der Polizei an den Kai aufgefahren war. Die Einsatzkräfte trugen Helme, Protektoren und sogar Schienbeinschützer, als ginge es gleich gegen eine Horde Hooligans. Ich wollte den Trupp aber nicht an Bord haben, weil ich finde, dass wir unsere Probleme selber regeln können. Tatsächlich ließ sich der Gerettete ohne weiteren Widerstand an Land begleiten und wurde mit einem Krankenwagen weggefahren.

Kurz darauf stellte sich heraus, dass er unter dem Einfluss diverser Rauschmittel stand. Und dass er mehrfach vorbestraft war, wegen schwerer Körperverletzung, wegen Gewaltdelikten und wegen Raubes. ⚓

Vormann Jörg Bünting, *Jahrgang 1946, begann seine Seemannslaufbahn als Schiffsjunge. 17 Jahre lang fuhr er auf Frachtschiffen. Seit 1978 arbeitet er für die Deutsche Gesellschaft zur Rettung Schiffbrüchiger. Zunächst war er auf Helgoland stationiert, seit 21 Jahren ist seine Basis Cuxhaven. Wie viele Leben er im Laufe der Jahre rettete, hat der Vater von drei Kindern nicht gezählt. Er lebt auf einem Bauernhof am Rande von Aurich, Ostfriesland.*

Krieg & Frieden

30° 20' N ++ 32° 22' E ++ Großer Bittersee · Sueskanal ++
Frachter „Münsterland" ++ Oktober 1967

GEFANGEN IM SUESKANAL

Nachts hört man an Bord die Einschläge von Granaten und das Knattern der Gewehre. Der Sueskanal wird von Ägypten blockiert. 14 Schiffe liegen auf dem Großen Bittersee in der Falle. Für Monate? Oder Jahre?
WOLFGANG SCHARRNBECK kümmert sich um Abwechslung in der größten schwimmenden Männerpension der Welt.

Jede Reise als Seemann habe ich in eine braune Kladde eingetragen. Die Häfen, Namen der Schiffe und das Stück Meer dazwischen, mit schwarzem Kugelschreiber auf liniertem Papier. Genau 31-mal bin ich zum Beispiel bis Australien gefahren oder 22-mal an der Freiheitsstatue vorbeigekommen. In 36 Jahren auf den Meeren habe ich die Erde 78-mal umrundet und insgesamt 1 691 854 Seemeilen zurückgelegt.

Zur Geschichte, die mir besonders im Gedächtnis geblieben ist, aber konnte ich keinen Hafen notieren und nicht eine zurückgelegte Meile. Die *Münsterland,* Frachter der Reederei Hapag, durfte sich nicht bewegen. Sieben Monate blieb ich an Bord, eine Zeit zwischen Abenteuer und Langeweile, die den Beweis lieferte, dass Solidarität unter Seeleuten sogar zwischen Fronten funktioniert.

Die *Münsterland* war am Morgen des 5. Juni 1967 in einem Konvoi in den Sueskanal eingelaufen und mitten in den sogenannten Sechstagekrieg zwischen Ägypten und Israel geraten. Neben den Schiffen fielen Bomben auf die Ufer, die ägyptische Flak legte, so meldeten das die Nachrichtenagenturen, eine »Feuerglocke« über den Kanal. Im Großen Bittersee, den man nach etwa einem Drittel der Strecke erreicht, passierte der Gegenkonvoi aus Port Said. Doch als die Schiffe wieder Fahrt Richtung Mittelmeer aufnehmen wollten, untersagten ägyptische Lotsen die Weiterfahrt. Einige Tage später blockierten die Militärs den Wasserweg mit Wracks – und nun lagen die 14 Schiffe des Konvois, darunter Frachter aus Polen, England, Skandinavien und Bulgarien, fest.

Am 16. Oktober erhielt ich das Kommando, Kapitän Hoffmann von Bord abzulösen. Ich flog nach Kairo und wartete einige Tage in einem Hotelzimmer. Ein schwedischer Kapitän sollte mitkommen, tauchte aber nicht auf. In einem Taxi fuhren der Agent der Reederei und ich los. Mehrere Stunden ging es durch die Wüste; viermal wurde der Wagen an Straßensperren angehalten. In der Ferne hörten wir Geschützfeuer.

Am Ufer des Bittersees wartete eine Barkasse, die mich an Bord der *Münsterland* brachte, sorgsam beobachtet von zwei ägyptischen Militärpolizisten. Das Boot wartete, bis Kapitän Hoffmann seine Sachen aus der Kabine geholt hatte. Uns blieben nur ein paar Minuten für die Übergabe. Wir sprachen über die Lage auf dem See und die Arbeiten, die auf dem Schiff erledigt worden waren. Dann verabschiedete sich mein Kollege.

Die *Münsterland* sah aus, als sei sie gerade aus der Werft gekommen. Die Mannschaft, eine Notbesatzung von 21 Mann, hatte die Zeit genutzt, Aufbauten frisch zu streichen und Reparaturen zu erledigen. Ich fühlte mich sofort wieder heimisch auf »meinem« Schiff, mit dem ich bereits sechs Reisen gefahren war. Die Stimmung an Bord? Wirklich gut, vor allem, wenn man bedenkt, dass wir ja mitten in einem Kriegsgebiet ankerten. Nachts hörte man immer wieder dumpf die Einschläge von Granaten und das Knattern von Gewehren. Immer wieder brausten auch Kampfjets im Tiefflug über unsere Masten.

Was den Proviant betraf, mangelte es an nichts, vor allem hatten wir genug Eier an Bord. Ungefähr siebeneinhalb Millionen Stück, um genau zu sein. (Es gab Order, die Eier regelmäßig im Kühlraum umzudrehen, damit sie nicht so schnell schlecht wurden.) Weil manche der anderen Frachter auch Lebensmittel geladen hatten, tauschten wir. Ich erinnere köstliche Mahlzeiten unseres Kochs, Hummermajo oder Räucherlachs oder Steaks. Wir hatten australische Weintrauben in unseren Kühlräumen, mit denen wir regelmäßig die Kollegen des bulgarischen Frachters *Vassil Levsky* belieferten, die daraus einen vorzüglichen Schnaps brannten. Als unsere Äpfel begannen, gammelig zu werden, bot die Reederei Hapag diese der ägyptischen Regierung als Geschenk an. Präsident Nasser persönlich lehnte in einem Brief ab, ziemlich unfreundlich übrigens.

Auf dem Großen Bittersee lebten wir wie in einer schwimmenden Männerpension. Die Gesundheitsversorgung übernahm ein Arzt an Bord des polnischen Schiffs *Boleslaw Bierut*, mit einer täglichen Sprechstunde von acht bis elf Uhr. Jeden Sonntag fuhren alle Offiziere in Rettungsbooten zur deutschen *Nordwind*, zur »Kirche«, wie wir das nannten. Die Gesangsbücher aber hatten Henkel: Es handelte sich um einen Frühschoppen. Mit der Zeit entstanden tiefe Freundschaften unter den Seeleuten. Mitten in einem Krieg lieferten wir ein Symbol für internationale Verständigung.

Niemand von uns wusste, wie lange wir noch festliegen sollten. Dass sämtliche diplomatische Bemühungen der Regierungen und auch der UNO scheiterten, bekamen wir nur am Rande mit. Wir waren Teil eines politischen Pokerspiels in Nahost geworden. Einmal schien eine Lösung der Blockade nahe zu sein, als ägyptische Boote untersuchten, wie die Wracks im nördlichen Teil des Kanals gehoben werden konnten. Weil sie von den Israelis beschossen wurden, hatte sich auch dieser Anlauf erledigt.

Zu unserem größten Gegner wurde die Monotonie. Wir veranstalten Skatturniere und spielten stundenlang *Mensch ärgere dich nicht*, segelten Regatten in Rettungsbooten und trugen Fußballmeisterschaften an Deck aus. Wir angelten, lösten ein Kreuzworträtsel nach dem anderen. Alle drei Monate bekamen wir von unserer Reederei über die Agentur in Kairo ein paar Filme geschickt, die wir in einem provisorischen Bordkino zeigten; Western und Heimatschnulzen waren besonders beliebt. Jeden Abend notierte ich kurz, was am Tage so geschehen war: 28. 10. Skat; 1. 11. Dieselöllieferung; 19. 11. Proviantausgabe. 17. 12. Regenschauer!

Weil ich Order hatte, die Maschine so gut in Schuss zu halten, dass sie jederzeit fahrbereit war, bat ich darum, das Schiff einmal im Monat bewegen zu dürfen. Unser Agent kümmerte sich darum, und zu meiner Überraschung entsprachen die ägyptischen Behörden dem Wunsch. Wir fuhren zwar nur ein paar Runden im Kreis, aber das bot trotzdem eine Abwechslung. Und gab einem das beruhigende Gefühl, im Falle einer Lösung der Blockade sofort Richtung Heimat aufbrechen zu können.

Wenn an Bord wenig zu tun ist, vermisst man seine Familie umso mehr. Die Kommunikation war schwierig, weil Telefone nicht funktionierten und Funkverkehr generell verboten war. Über unsere Agentur konnten wir Telegramme absetzen, sonst blieb uns nur der Postweg. Die ägyptischen Zensoren lasen jede Zeile mit. Immerhin wurden die Briefe von der ägyptischen Post abgestempelt, obwohl wir in der Not unsere Briefmarken selber malten. Ein tschechischer Kapitän von der *Lednice* hatte die Idee gehabt. Mit der Zeit sahen unsere Sondermarken vom Bittersee tatsächlich professionell aus. Heute sind sie begehrte Sammelobjekte für Philatelisten in aller Welt.

Wir machten das Beste aus unserer Situation, gründeten die stolze *Great Bitterlake Association (G.B.L.A.)* und komponierten dafür sogar eine Hymne, auf der Basis von *Yellow Submarine*. Das Lied der Beatles hatte für uns eine besondere Bedeutung, weil die Schiffe nach einem Sandsturm mit einem gelben Film überzogen waren. Ich erinnere aber auch einsame Stunden, in denen man in seiner Kabine hockt und Tonbänder hört. Als Kapitän darf man sich nicht mit der Mannschaft verbrüdern. Mancher Kollege kam damit nicht so gut klar. Von einem weiß ich, dass er Trost im Alkohol suchte und nicht mehr davon loskam.

Kurz vor Weihnachten begannen die Besatzungen der vier englischen Schiffe damit, einen Weihnachtsbaum aus Bordmitteln zu bauen. Vier Meter hoch, auf einem verankerten Floss, damit ihn alle Eingeschlossenen sehen konnten. Ein Baum aus Holzresten, mit Zweigen aus gefaltetem Segeltuch. Die Glühbirnen wurden durch ein Kabel mit einem Schiff verbunden, das immerhin bis kurz vor Silvester hielt. Ein Reporter der Illustrierten *Quick*, er hieß Mühmel und trug einen Trenchcoat, brachte einen richtigen Weihnachtsbaum vorbei. Wenigen Journalisten wurde der Besuch von den Behörden gestattet, für maximal anderthalb Stunden.

Als ich am 5. Mai 1968 abgelöst wurde, war ich einigermaßen erleichtert. Für die *Münsterland* sollte die Reise noch viel länger dauern. Erst am 24. Mai 1975, nach acht Jahren, drei Monaten und fünf Tagen, lief sie im Hamburger Hafen ein. Die deutschen Schiffe waren die Einzigen, die nach der Blockade aus eigener Kraft ihre Heimathäfen erreichten. Zehntausende jubelten auf den Landungsbrücken, Feuerlöschboote schickten Wasserfontänen in den Himmel, und die Sirenen von Schleppern heulten. Ich weiß das allerdings nur aus der Zeitung, denn ich befand mich mal wieder auf dem Weg nach Australien.

So steht es in meiner braunen Kladde. ⚓

Kapitän Wolfgang Scharrnbeck, *1920 in Brandenburg an der Havel geboren, ging im Alter von 17 Jahren als Schiffsjunge auf seine erste Reise. Im Zweiten Weltkrieg durchbrach er die Seeblockade (mit der Vorkriegs-*Münsterland*) und fuhr von Japan aus nach Bordeaux. Während seiner Zeit als Kadett auf dem Schulschiff* Deutschland *überstand er einen schweren Hurrikan. 1955 machte er das große Kapitänspatent und arbeitete hauptsächlich für die Reederei Hapag. Er lebt in Hamburg.*

54° 31' N ++ 19° 29' E ++ Danziger Bucht ++ Kutter „Hoffnung SK15" ++ im Winter 1960

LACHS UND KANONEN

Ein cholerischer Alter, der gern trinkt. Eine Fangleine, die in sowjetische Hoheitsgewässer abgetrieben ist. Und ein russisches Kriegsschiff, das mit voller Fahrt auf den kleinen Kutter »Hoffnung« zurast.
Wird die Geschichte von HELMUT BRÜNING für die Fischer gut ausgehen?

Mein Leben bin ich zur See gefahren, Fisch zu fangen. Der Nordatlantik zwischen den Färöerinseln und Island war damals Fanggebiet der deutschen Hochseeflotte und ich Kapitän des Heckschleppers *Bremerhaven*. Besonders im Winter musste man sich auf schwere Orkane gefasst machen, in denen einem tagelang nichts übrig blieb, als »Kopp auf See« zu gehen, den Scheinwerfer gegen den Schneesturm zu richten und die Wellen abzureiten. Nach solch einer Schaukelei ist es kein Wunder, dass ein Fischer breitbeinig durch den Hafen geht, um das Gleichgewicht zu halten. Wenn man noch an einer Kneipe vorbeikommt, verbessert das die Koordination nicht unbedingt.

Die Geschichte, um die es gehen soll, spielt noch vor meiner Zeit auf dem Nordatlantik. Ich kam gerade aus Amerika zurück, wo ich als Matrose auf einem Frachter gefahren war, Heimathafen New York. Gewissermaßen auf »Zuckerfahrt« durch die Karibik, oft in Kuba, eine schöne Zeit. Ich wollte nun unbedingt die Seefahrtsschule in Hamburg besuchen, um Kapitän zu werden, musste aber ein Jahr warten, weil gerade kein Platz frei war. Mein Onkel riet mir, auf einem Fischkutter anzuheuern, um Geld zu verdienen. Gerade in Heikendorf, einem kleinen Hafen an der Kieler Förde, suchten sie kräftige Matrosen, meinte er.

Ich kam auf die *Hoffnung*, so hieß der Kutter mit Kennung *SK15*, noch im Krieg aus Holz gebaut und knapp 24 Meter lang. Es ging auf Lachs in der Danziger Bucht, im Spätherbst 1960. Um zwischen den Gewässern von DDR, Polen und der UdSSR fangen zu dürfen, mussten wir uns vor jeder Reise eine Genehmigung der Landesregierung in Kiel einholen. Unsere Touren dauerten in der Regel zwei Wochen. Wenn es Probleme mit dem Motor gab oder sich jemand ernsthaft verletzt hatte, legten wir in Saßnitz auf der Insel Rügen an, was uns vorkam wie eine Episode in einem Agentenkrimi.

Die Volkspolizisten empfingen uns am Kai mit geschulterten Maschinenpistolen und versiegelten unsere Funkanlage. Abends in der Kneipe machten sich Geheimdienstleute an uns heran: Welche Schiffe gerade im Kieler Hafen lägen? Ob wir ein paar Fotos machen könnten? Gegen gute D-Mark? Wir sind nach solchen Angeboten rasch an Bord der *Hoffnung* gegangen, das war uns alles nicht geheuer.

Dass manche Reise abenteuerlicher ausfiel, als uns lieb war, hatte auch mit unserem Kapitän zu tun. Der Alte war ein, ich sage mal: recht trinkfreudiger Mensch. Oft fuhr er über unsere ausgelegten Leinen und Netze, manchmal verloren wir das komplette Fanggeschirr. Dann kamen wir zurück in den Hafen und sahen, dass die Laderäume der anderen Kutter gefüllt waren – nur wir hatten kein Geld in der Tasche. Fischer verdienen nur dann, wenn sie etwas fangen, daran hat sich bis heute nichts geändert. Wenn wir ins Steuerhaus sahen, sein Mund halb offen stand und das Gebiss halb heraushing, wussten wir Bescheid. Manchmal haben wir, als er in seinem Rausch nichts mehr mitbekam, ein paar Flaschen Alkohol über Bord gekippt. Aber irgendwo hatte er immer Reserven versteckt.

Unfälle gab es reichlich. Einmal knallten wir kurz nach dem Ablegen bei Windstärke 8 gegen eine Tonne. Ich fiel aus der Koje, schnitt mir an einem spitzen Gegenstand den Oberschenkel auf und blutete stark. Aber meinen Sie, wir hätten umgedreht? »Da kommt 'n Verband rum und fertig«, knurrte der Alte, »jammer nicht rum!«

Auf der Nordsee hätten wir beinahe einen holländischen Kutter beim Fischen gerammt, weil der Kapitän nicht den Kurs hielt. Als die Boote ganz nahe beieinander lagen, zog er eine Leuchtpistole und wollte auf den anderen Kapitän schießen. Ich erinnere, wie der Niederländer vor Wut eine dicke Zigarre ausdrückte, dass die Glut zerstob, und er einen Holzschuh nach dem Alten warf.

Warum ich weiter mit ihm fuhr und nicht auf einen anderen Kutter wechselte? Ein Vernünftiger musste doch an Bord sein, sage ich immer. Ich ging, wenn er mal wieder seinen Rausch ausschlief, oft Wache und kümmerte mich um die Verpflegung an Bord. Morgens stand ich um halb vier auf, kochte einen sehr schwarzen

Kaffee und briet frische Lachsleber in der Pfanne, die schmeckte wie Kaninchen. Dann weckte ich die anderen.

Das klingt nun alles ziemlich romantisch: Kutter im Morgengrauen, der Duft von Kaffee und gebratenem Fisch. In Wahrheit aber war und ist die Fischerei Knochenarbeit unter schwierigen Bedingungen. Vier Männer teilten sich eine kleine Kajüte von vielleicht acht Quadratmetern. Eine Dusche existierte an Bord der *Hoffnung* wie auch auf den meisten anderen Kuttern nicht, was zu einem herben Aroma aus Fisch und Schweiß führte. Wenn man auf die Toilette ging, musste man darauf achten, dass die Klappe unten funktionierte und gerade keine große Welle kam, sonst gab es eine echte Sauerei.

Der Arbeitstag begann für die Mannschaft gegen fünf Uhr früh und endete selten vor elf Uhr spät. Um Lachs zu fangen, nahmen wir Treibangeln. Man kann sich das wie eine 30 Kilometer lange Angelschnur vorstellen, die mit tausenden Haken bestückt und von Korken gehalten im Meer treibt. Um sie auszusetzen, läuft der Kutter in gleichmäßiger, langsamer Fahrt, mit etwa vier Knoten. Ein Mann steckt als Köder eine Sprotte auf einen Haken – lang wie ein Streichholz – ein anderer verbindet die Schnur mit einem Spezialhaken an der Hauptleine und wirft sie in die See.

Wenn sich der Haken in der Kleidung verfängt oder sich in einen Finger bohrt, geht der Mann mit über Bord. Mir steckte ein Haken mal in der Wange. Zum Glück schaffte ich es noch, die Leine zu kappen. Zurück blieb nur eine Narbe, wie ich auch an den Händen die Narben kaum zählen kann. Das Blut spritzte regelrecht, aber man wickelte einen provisorischen Verband um die Verletzung und machte weiter, so war das.

Drei Stunden dauerte das Ausbringen der Leine. Bei schlechtem Wetter, etwa in einem Schneesturm, fühlte sich nach einer Zeit die Seite des Gesichts, die dem Wind zugewandt war, richtig taub an. Wir haben irgendwann eine Art Schutzvorrichtung vor den Mast gebaut, anders war das kaum auszuhalten. Bei minus zehn Grad kannst du kaum noch arbeiten, dann friert das Fanggeschirr – damals aus Hanf, der sich mit Wasser vollsog wie ein Schwamm – zu einem einzigen Klumpen aus Eis zusammen. (Ich erinnere mich noch an das erste Fanggeschirr aus Nylon: Mein Gott, fühlte sich das leicht an!)

Das Problem mit einer 30 Kilometer langen Angelschnur ist, dass sie, je nach Wind und Strömung, abtreiben kann. Genau das geschah, als wir in der Danziger Bucht auf Lachs gingen. Als wir damit begannen, das Geschirr einzusammeln – mit einer Menge Lachs drauf –, stellten wir fest, dass es nach Osten abgetrieben war, ausgerechnet in die Richtung des russischen Kriegshafens Pillau. Die Rote Flotte beobachtete uns ganz genau, nicht nur aus Gründen militärischer Sicherheit. Manchmal hatten sie vor uns die Lachse an unseren Leinen eingeholt, um den Speiseplan an Bord aufzupeppen.

Wir konnten die Zerstörer und Schnellboote in der Entfernung sehen. Ein etwas mulmiges Gefühl in der Magengegend hatte man schon. Je näher wir den Russen kamen, desto unruhiger wurde auch der Alte. Erst mal aber holten wir weiter den Fang ein, was geschah, indem man den Fisch – etwa 90 Zentimeter lang und rund zwölf Kilo schwer – mit einem Kescher vorsichtig an Bord holte, schnell mit Handtüchern umwickelte und dann mit einem Holzhammer kräftig auf den Kopf schlug. Der Fisch war besonders wertvoll, wenn er keine Schuppen verloren hatte.

Nun geschah, was ich befürchtet hatte: Ein russisches Schnellboot steuerte mit voller Kraft auf uns zu. Als das Kriegsschiff in Rufweite war, hörten wir russische Befehle aus einem Megafon scheppern: »Sofort aufhören«, »Westlichen Kurs gehen!« »Auf keinen Fall weiter nähern!« Der Alte verstand Russisch und übersetzte. Nun konnten wir ja auch nicht beweisen, wo genau wir uns befanden. Statt Navigationssystemen wie GPS mussten wir damals unseren Augen vertrauen, dem Schein von Leuchttürmen oder markanten Stellen an Land. Und was hätte es schon genützt? Wenn ein Kutter und ein Kriegsschiff streiten, wer behält da wohl recht? Mit einem Kommandanten der russischen Marine diskutieren zu wollen schien eine ebenso gute Idee, wie ein schnelles Zigarettchen im Treibstofflager.

Wir taten erst mal so, als hätten wir die Durchsagen nicht verstanden und holten weiter den Lachs ein. Ziemlich frech, wenn ich heute darüber nachdenke. Es kursierten in den Häfen damals Horrorgeschichten von Kuttern, die von der Roten Flotte abgeschleppt wurden und von Mannschaften, die man erst nach einer Woche und unangenehmen Verhören wieder freiließ. Der Fang wurde natürlich einbehalten, zur Strafe.

Der Kommandant des Schnellboots hatte nun genug. Wütendes Gebrüll des Kommandanten war zu vernehmen, man brauchte keinen Dolmetscher, um zu verstehen, was er meinte. Um seinen Worten noch mehr Nachdruck zu verleihen, drehte sich die Kanone am Bug in unsere Richtung. Das zeigte Wirkung. Der Alte war ausnahmsweise mal nicht zu betrunken und ließ zu unserer Erleichterung die Leuchtspurpistole stecken. Er fluchte nur vor sich hin.

Wir packten ein, verzichteten auf etwa 300 Angelhaken und neun Kilometer Leine, die noch im Wasser trieben, drehten zügig ab und tuckerten davon. Mit allem, was unsere *Hoffnung* hergab. ⚓

Kapitän Helmut Brüning, *Jahrgang 1933, stammt aus einer Arbeiterfamilie in Cuxhaven. Mit 18 entdeckte er die Seefahrt, arbeitete auf Frachtern und wurde schließlich Fischer. Nachdem er 1964 das Patent gemacht hatte, ging er unter anderem als Kapitän des Heckschleppers* Bremerhaven *im Nordatlantik auf Fang. Brüning ist bis heute ein leidenschaftlicher Leichtathlet und als Weihnachtsmann aktiv. Er lebt in Cuxhaven.*

64° 10' N ++ 51° 43' W ++ vor dem Hafen von Nuuk · Grönland ++ Fischdampfer „Mainz" ++ im Sommer 1983

KATFISCH ON THE ROCKS

Zunächst weist ihm die Polizei einen Ankerplatz zu, weil er angeblich zu viel Fisch gefangen hat. Dann holt sie ihn zum Verhör an Land. Als HEINZ PALLENTIN zu seinem Fischdampfer zurückkehrt, durchfährt ihn ein Schreck: Die »Mainz« sitzt hoch und trocken auf einem Felsen.
Und damit fangen die Probleme erst an.

Ich bin häufig gefragt worden, woher ich mein feines Gespür für Fisch habe. Die Reederei hat zu meinem 40. Dienstjubiläum ausgerechnet, dass ich 80 000 Tonnen Filet gefangen hatte, so viel, wie kein anderer Kapitän. Bis zu meiner Pensionierung kamen noch einmal 20 000 Tonnen hinzu, überwiegend Kabeljau, Rotbarsch, Hering und Makrele. Für eine Tonne Filet benötigt man rund 60 Zentner Rohware. Mein Verhältnis zum Meer ist relativ unromantisch: Ich war auf See, um Geld zu verdienen.

Was mein Geheimnis ist? Ich habe zu meiner Zeit als Steuermann stets gut aufgepasst während der Fahrten nach Island, Grönland oder Spitzbergen und mir nach Feierabend noch Notizen gemacht, wo sich der Fisch gerne aufhielt. Im Laufe der Zeit kam Erfahrung dazu, und natürlich benötigt man auch Glück. Alle Geheimnisse sollte man nicht verraten.

Je später meine Laufbahn, desto schwieriger wurden die Arbeitsbedingungen. Früher fischte jeder, wo er wollte, bis Länder wie Island oder Grönland begannen, die Hoheitszonen auszudehnen und ihre fischreichen Küsten zu schützen. Schiffe anderer Nationen waren nicht mehr gerne gesehen, und man versuchte, uns mit einigen Schikanen die Arbeit zu erschweren. Mein Kollege Wolfgang Gewiese aus Cuxhaven hat regelrechte Räuber-und-Gendarm-Abenteuer mit der kanadischen Küstenwache erlebt.

Vor dem Hafen von Nuuk an der Westküste Grönlands hat man auch mich einmal ganz übel auflaufen lassen, im wahrsten Sinne. Ein Inspektionsschiff namens *Agfa* hatte uns aufgefordert, in Nuuk anzulegen, weil wir angeblich zu viel Katfisch gefangen hätten. Für diesen Verdacht gab es nicht den geringsten Anlass. Zu dieser Zeit hatten wir bereits 480 Tonnen gefrostetes Fischfilet an Bord; um festzustellen, wie viel genau davon Katfisch war, hätten wir die Laderäume komplett umpacken oder ausräumen müssen.

Vor der Hafeneinfahrt kam ein Lotse an Bord, weil wir wegen des starken Windes nicht einlaufen konnten. Der Lotse wies uns einen Ankerplatz in einer Bucht des Fjordes zu. Ein Polizeiboot kam und brachte mich und den Ersten Steuermann zu Vernehmungen in die Stadt. Es war Hochwasser.

Drei Stunden dauerte das Gespräch auf der Wache, drei verschenkte Stunden, aber das war ja schon vorher klar. Die Positionen standen fest: Wir konnten nicht unseren Laderaum ausräumen, ohne wochenlang festzuliegen. Die Grönländer aber bestanden darauf, unseren Katfischfang sehen zu wollen. Es kam also in Wahrheit nur auf die Höhe der anstehenden Strafe an, Strafe, für was auch immer.

Als wir zum Ufer zurückkehrten, durchfuhr uns ein Schreck: Der Fischdampfer *Mainz* lag auf den nackten Felsen! Die Schraube ragte sogar aus dem Wasser, und der ganze Dampfer war leicht nach Steuerbord gekippt. Schade, dass der Lotse nicht in der Nähe war: Ich hätte ihm gerne zu diesem Weltklasse-Ankerplatz gratuliert.

Wir mussten abwarten, bis das Hochwasser zurückkam, bevor wir in den Hafen einlaufen konnten. Ich bestellte einen Taucher, der den Schiffsboden untersuchte: Er stellte einen Riss fest. An Auslaufen war nun nicht mehr zu denken, das war zu gefährlich. Aber wie sollte ich einen Unterwasserschweißer in Nuuk finden? Der Agent der Reederei kannte jemanden auf Island, der sofort die Order bekam, sich ins nächste Flugzeug zu setzen.

Wir hatten derweil noch andere Probleme: die Mädchen. Unsere Besatzung, 68 Mann, darunter knapp 30 portugiesische Fischwerker und Matrosen, freute sich natürlich über die Zwangspause. Um noch einigermaßen den Überblick zu behalten, wer sich alles an Bord befand, wies ich den Steuermann an, eine Art Schlauchbootverkehr einzurichten.

Drei Tage dauerte es, bis eine Gerichtsverhandlung angesetzt war, in der man den »Katfisch-Fall« verhandelte (in unseren Kühlräumen hatte man natürlich nichts gefunden). Der Richter legte nach kurzem Prozess die Strafe auf umgerechnet 100 000 Mark fest. Für den Fall, dass wir damit nicht einverstanden waren, sollten wir den Inhalt der Laderäume auf der Pier aufbauen. Wir waren mit der Strafe sehr einverstanden. Jeder Tag ohne Fang kostete die Reederei damals 50 000 Mark, muss man wissen.

Der Taucher aus Reykjavík kam zum Glück gut voran und brachte diverse Platten unter Wasser an. Nach einigen Tagen – es hätte auch nicht mehr länger dauern dürfen – konnte unser »Loveboat« endlich wieder Auslaufen, Fisch fangen.

Jahre später ist das Fabrikschiff *Mainz* leider an der Pier von Cuxhaven völlig ausgebrannt. Bei Schweißarbeiten war es zu einem Unfall gekommen. 30 Stunden lang schlugen die Flammen aus meinem alten Dampfer, bis nur noch ein rauchendes Wrack übrig war. ⚓

Kapitän Heinz »Hein« Pallentin, *geboren 1930 in Haffwerder (Ostpreußen), gilt unter Fischdampferkapitänen als Legende. Niemand fing so viel Fisch wie Hein. Als Matrose ging er in einem Sturm mitsamt Netz über Bord, konnte sich aber festhalten und überlebte. 1956 erwarb er das Kapitänspatent und übernahm schon mit 28 Jahren sein erstes Schiff, den Seitenfänger* Stuttgart. *1973 übernahm er das Fabrikschiff* Mainz, *das er bis zu seiner Pensionierung führen sollte. Pallentin hat drei Kinder. Er lebt in Cuxhaven.*

54° 35' N ++ 11° 16' E ++ Fehmarnbelt · Ostsee ++ U-Jagdboot „Najade" ++ Nacht auf Ostersonntag · 1969

AUF KOLLISIONSKURS MIT DER DDR

Die Mission des U-Jagdboots »Najade« ist brisant: Man soll einen Republikflüchtling retten, der von einem ostdeutschen Kreuzfahrtschiff in die kalte Ostsee springt. Als der Mann zu ertrinken droht, riskiert der Kommandant der »Najade« alles. WOLFGANG JUNGMANN erlebt heiße Stunden im Kalten Krieg.

Dass wir ein Kreuzfahrtschiff der DDR rammen sollten, hätte natürlich keiner an Bord gedacht. Aber etwas war merkwürdig an unserem Einsatz, das merkten wir bald nach dem Auslaufen, Kurs Fehmarnbelt. In der ersten Nacht gab der Kommandant Befehl, eine Puppe über Bord zu werfen, abzudrehen, aber den Dummy im Lichtkegel der Scheinwerfer zu halten. Wir übten das rund zwei Dutzend Mal. Die klassische Übung, um einen Schiffbrüchigen zu retten.

Wen sollten wir wirklich bergen?

Unser Boot hieß *Najade*, nach einer Figur aus der griechischen Mythologie. Warum die Bundesmarine ihre Schiffe damals nach griechischen Wassernymphen benannte, keine Ahnung. 65 Mann Besatzung waren an Bord, achtern ein doppeltes 40-Millimeter-Geschütz, dazu ein Arsenal aus Torpedos und Wasserbomben, zur Jagd von U-Booten. Ich war Oberleutnant im Frühjahr 1969, ein junger Offizier auf seinem ersten Bordkommando.

Auch in der zweiten Nacht fischten wir nach der Puppe. In der Offiziersmesse kursierten Gerüchte: Sollten wir einen Überläufer retten? Einen Spion? Man muss sich an die Zeit erinnern, 1969, mitten im Kalten Krieg.

Am dritten Tag rief uns der Kommandant in der Offiziersmesse zusammen. »Meine Herren«, sagte er, »wir werden jemanden aufnehmen, der morgen Nacht von Bord der *Völkerfreundschaft* springt. Nichts darf schiefgehen.« Ich erinnere mich heute noch an das aufregende Gefühl, an dieses Kribbeln im Bauch, das

Adrenalin. Wir waren begeistert: endlich Abenteuer! Auch deshalb war ich zur Marine gegangen.

An der Operation war noch ein weiteres Boot beteiligt, unser Schwesterschiff, die *Triton*. Der Plan: Beide Schnellboote sollten im Abstand von wenigen hundert Metern parallel zur *Völkerfreundschaft* laufen, weil noch nicht klar war, ob der Flüchtling – nach einem kurzen Lichtsignal – Backbord oder Steuerbord von Bord springen würde. Dann würden wir ihn aufnehmen, so schnell wie möglich. Zu dieser Jahreszeit hat die Ostsee eine Temperatur von vielleicht fünf Grad, was ohne Spezialausrüstung niemand lange überlebt. Die *Völkerfreundschaft* war das Kreuzfahrtschiff der DDR, eine Art kommunistischer Luxusliner, mit dem verdiente Genossen in den Urlaub schipperten. Wir sollten das Schiff auf der Rückreise von Kuba abfangen.

Die See war ruhig in der Nacht auf Ostersonntag, kaum Wind. Wir kreuzten wie Jäger, die auf Beute lauern. Aus dem Funksprechgerät krächzten die Positionsmeldungen georteter DDR-Schiffe und russischer Frachter; das gegenseitige Sichten und Verfolgen war Routine. Die *Völkerfreundschaft* steuerte genau auf uns zu. Alles nach Plan.

Gegen 23 Uhr liefen wir neben das Kreuzfahrtschiff, unbemerkt in der Dunkelheit. Auch die *Triton* war auf Position. Da sahen wir eine Taschenlampe in einem Bullauge aufblinken, ziemlich weit oben, etwa 15 Meter über der Wasserlinie. Einmal, zweimal, dreimal. Wir strahlten das Fenster kurz an, was natürlich riskant war, aber der Mann musste wissen, dass seine Helfer vor Ort waren, bevor er in die kalte Ostsee sprang.

Das Bullauge öffnete sich, und ich konnte durch mein Nachtglas erkennen, dass der Mann versuchte, sich an einem dünnen Seil abzuseilen, vermutlich an einer Wäscheleine. Doch die Leine riss!

Er stürzte die Bordwand herunter. Alle Maschinen nun »volle Fahrt voraus«! Wir drehten hart steuerbord. Viel Platz zu manövrieren gab es nicht, und als die *Völkerfreundschaft* plötzlich ebenfalls nach steuerbord drehte, wurde es eng – zu eng.

Ungefähr zehn Meter vor dem Heck rammten wir die Seite des Kreuzfahrers. Mit knapp 22 Knoten, mit voller Wucht. Ein Geräusch wie eine Explosion. Auf der Brücke flackerte das Licht, und die *Najade* legte sich stark zur Seite, mindestens

30 Grad. Jeder auf der Brücke wurde durch den Raum geschleudert. Alle schrien durcheinander. »Zustand« nennt man solch ein Chaos.

30 Sekunden, dann fragte der Kommandant Schadensmeldungen ab. Unser Bug war verzogen, aber es gab keinen starken Wassereinbruch. Die Maschinen liefen noch. Er gab Befehl, die Scheinwerfer nun einzuschalten, um nach dem Flüchtling zu suchen. Auf Diskretion mussten wir jetzt ja keinen Wert mehr legen.

Es dauerte sechs Minuten bis zur erlösenden Meldung: »Herr Kaleu, wir haben den Mann an Bord.« Hinterher haben uns Ärzte erzählt, dass der Mann noch etwa fünf Minuten überlebt hätte. Der Republikflüchtling, der nun tropfnass im Sanitätsraum saß, war etwa Mitte 30, mittelgroß, ein wenig untersetzt. Zum Schutz vor der Auskühlung hatte er mehrere Schichten Kleidung übereinander angezogen. Seine erste Frage, als man ihn an Bord zog: »Seid ihr aus dem Westen?« Er bekam erst mal ein heißes Bad. Die *Najade* hatte zwar ein Leck, war aber seetüchtig; wir fuhren Richtung Kiel, wo wir kurz nach vier Uhr morgens einliefen.

Ich bekam den Auftrag, mit einem Dienstwagen, einem olivfarbenen VW, loszufahren, um die Eltern des Geretteten zu informieren. Sie betrieben in der Nähe von Kiel eine kleine Gärtnerei. Die Fahrt dauerte etwa eine halbe Stunde. Ich klingelte, im Haus ging ein Licht an. Eine Frau öffnete die Tür einen Spalt weit, ich sagte: »Guten Morgen. Ihr Sohn ist in Sicherheit. Wollen Sie bitte mitkommen?« Sie war natürlich nervös, hat vorsichtig ihren herzkranken Mann geweckt, dann fuhren wir zurück zum Hafen.

Ich schilderte ihr kurz die Rettung ihres Sohnes, verschwieg aber das Reißen der Leine und die Kollision. Die beiden waren schon aufgeregt genug. An Bord gab es sehr schöne, sehr bewegende Momente, Umarmungen, Tränen. Wir Offiziere fühlten uns wie Helden. Wir dachten, dass unser Einsatz morgen auf der Titelseite der *Bild-Zeitung* stehen würde: »Die Helden von der Ostsee.«

Na ja, es kam ein wenig anders.

Die Reaktion des Flottenkommandos fiel wenig euphorisch aus, als man von der Kollision erfuhr. Wir mussten sofort wieder auslaufen, noch bevor der Tag anbrach, zum Schutz vor neugierigen Blicken und Fragen von Reportern. Tagelang ankerten wir mit unserem beschädigten Schiff ein gutes Stück vor der Küste, in der Geltinger Bucht. Es war ungerecht, das empfanden wir aus tiefsten Herzen. Wir hatten das Leben eines Mannes gerettet, aber bekamen keine Belobigung, keine Anerkennung, nichts. Stattdessen vertrieben wir uns die Zeit mit Karten spielen, Lesen und Putzarbeiten.

Was zur gleichen Zeit in den Behörden von Bonn und Ost-Berlin los war, davon bekamen wir nichts mit: Die diplomatischen Drähte sollen regelrecht geglüht haben. In den Medien der DDR schimpfte man von »Menschenraub« und »Piraterie«. In der Bundesrepublik erschienen nur ein paar Meldungen.

Erst nach zehn Tagen durften wir wieder in unseren Heimathafen Flensburg einlaufen. Die *Najade* kam sofort in die Werft, und es stellte sich heraus, dass der Schaden noch schwerer ausfiel, als wir befürchtet hatten. Man hat einen großen Teil des Vorschiffs ersetzen müssen; unser Kommandant wurde zum Flottenkommando zitiert.

Die ganze Geschichte hat übrigens eine Pointe. Der Mann, dem wir das Leben gerettet haben, ist Jahre später wieder »geflohen«. Zurück in die DDR. ⚓

Fregattenkapitän a. D. Wolfgang Jungmann, *1942 in Bremerhaven geboren, stammt aus einer Familie von Seefahrern. Schon der Urgroßvater und Großvater fuhren als Kapitän in der Hochseefischerei. Jungmann trat 1962 in die Deutsche Marine ein, diente auf U-Jagdbooten, Zerstörern und dem Schulschiff* Deutschland. *Drei Jahre lang war er Kommandant des Zerstörers* Schleswig-Holstein *im Nordatlantik. Jungmann, der später zehn Jahre als Pressestabsoffizier im Einsatz war, leitet heute eine Agentur für Film- und Fernsehberatung. Er lebt in Jever, Friesland.*

Liebe

ine.com

46° 02' N ++ 73° 08' W ++ Hafen von Sorel ++ Sankt-Lorenz-Strom · Kanada ++ Erzfrachter „MS Bergersheim" ++ im Herbst 1961

ACHTERN RAUS

Laureen heißt die große Liebe, eine schwarzhaarige Kellnerin. Mehr als ein Küsschen aber ist nicht drin, darüber wachen ihre großen Brüder.
Sie fordert einen Liebesbeweis: »Entweder das Schiff oder ich.« PETER-MICHAEL LUSERKE wird zum Deserteur der eigenen Hormone.

Auf der Suche nach schneller Liebe und Bier spazierten wir nach Sorel, einer Kleinstadt am Sankt-Lorenz-Strom in Kanada. Mehr als eine Stunde dauerte der Weg vom Hafen, wo unser Erzfrachter *Bergersheim* an der Pier lag. Doch als wir Matrosen im Stadtzentrum ankamen, fanden wir nur drei Geschäfte und eine Tankstelle. Keine einzige Kneipe in Sorel! Bloß ein Selbstbedienungsrestaurant hatte geöffnet.

Ich versuchte, das Beste aus der Situation zu machen und begann, mit einer Kellnerin zu flirten. Sie hieß Laureen, eine sehr üppige Frau mit schwarzen, langen Haaren, Mitte 30, was mir damals uralt erschien. Ich war ja erst 17, Matrose auf erster großer Fahrt. Unsere Unterhaltung lief stockend, denn sie sprach kein Englisch (das war damals in der Region Quebec kaum verbreitet) und ich nur ein paar Worte Französisch. Immerhin begriff ich, dass sich Laureen freuen würde, mich am nächsten Abend wiederzusehen.

Also machte ich mich nach der Arbeit wieder auf den Weg in diesen trostlosen Ort. Was sich zu lohnen schien, denn ich durfte Laureen nach Hause begleiten. Doch außer »Händchenhalten« kamen wir uns nicht näher und sie verabschiedete sich hastig. Zudem begann es, heftig zu regnen. Nass und bedröppelt kehrte ich zum Schiff zurück.

Am nächsten Morgen hielt ein amerikanischer Straßenkreuzer an der Gangway. Laureen! Die Kollegen an Bord staunten und pfiffen, als ihr »Babymatrose« in den Chevy einstieg. Welch ein Auftritt! Wir fuhren zu einem Stadtbummel nach Quebec und ich wähnte mich kurz vor meinem Ziel – doch es blieb bei einem schüchternen Kuss. Sie gab mir noch einen Brief inklusive eines Fotos mit. Stunden später sollten wir auslaufen.

Etwa einen Monat später legten wir wieder in Sorel an. Laureen erwartete das Schiff schon im Hafen. Aber auch während dieses Ausflugs kam ich mit meinem, nennen wir es: erotischen Anliegen nicht weiter. Stattdessen stellte sie mich ihren Brüdern vor, drei Furcht einflößenden Holzfällertypen, von denen mir einer zu verstehen gab, dass ich für einen Fehltritt büßen würde. Bevor wir uns verabschiedeten, machte mir Laureen klar: Sie werde erst dann mit mir schlafen, wenn die *Bergersheim* ohne mich ausliefe. Als Liebesbeweis.

In der nächsten Nacht lag ich wach in meiner Koje: Was geschah wohl mit einem Deserteur? Bekäme ich jemals wieder eine Heuer? Doch es musste nun geschehen, worauf ich so lange gewartet hatte, und so ging ich mit dem Vorwand von Bord, »noch ganz schnell etwas erledigen« zu müssen. Ohne einen Dollar, ohne Kleidung zum Wechseln, nicht mal mit einer Zahnbürste.

Laureen holte mich in ihrem Chevy ab und wir kurvten einen kleinen Hügel hinauf, von dem aus man den Hafen überblicken konnte. Schweigend sahen wir wenig später zu, wie die *Bergersheim* ablegte. Laureen lächelte ganz merkwürdig, das sehe ich noch heute vor mir. Mir war alles egal. Wir fuhren nach Montreal und nahmen uns im »French Quarter« ein Zimmer in einem billigen Hotel. Endlich am Ziel.

Einige Tage später wachte ich auf, und das Bett neben mir war leer. Laureen hatte etwa 15 Dollar hinterlegt und das Zimmer zum Glück schon bezahlt. Ich überlegte, was nun zu tun sei. Laureen hatte – so vermutete ich – die Nerven verloren, denn sie hatte daheim niemanden über den Kurztrip informiert. Doch zurück nach Sorel traute ich mich nicht, aus Furcht, ihren Holzfällerbrüdern zu begegnen.

In der deutschen Botschaft von Montreal empfing man mich zunächst nicht gerade herzlich, aber der Botschafter, ein väterlicher Typ mit grauem Bart, kümmerte sich persönlich um mich. Mit einem Schmunzeln bemerkte er, es sei das erste Mal in seiner langen Amtszeit, dass ein liebestoller Minderjähriger von einem Schiff ausbüxte.

Sein Einfluss und mein zartes Alter bewahrten mich vor einer dreimonatigen Gefängnisstrafe; die Bestimmungen der kanadischen Einwanderungsbehörden sind eigentlich sehr streng. Man steckte mich bloß für einige Tage in ein Seemannsheim, bevor ich auf einem deutschen Holzfrachter unterkam. Die Passage verdiente ich als »Rüberarbeiter« an Bord. Zurück in Bremen nahm mir mein Heuerbass offenbar nicht übel, dass ich »achtern raus« gegangen war, wie das in der Seefahrersprache heißt. Schon bald darauf fuhr ich auf einem anderen Frachter, mit Kurs Hongkong.

Laureen schrieb meiner Mutter indes böse Briefe, in denen sie behauptete, von mir schwanger zu sein. Sie deutete auch Reisepläne ihrer Brüder an. Als sie bemerkte, dass ich wohl niemals nach Kanada auswandern würde, nahm sie die Lüge der angeblichen Schwangerschaft zurück.

Ich habe Laureen nie wieder gesehen. ⚓

Kapitän Peter-Michael Luserke, *Jahrgang 1944, wuchs in Berlin-Dahlem auf und verließ mit 15 die Schule, um sich den Traum von der Seefahrt zu erfüllen. Aus gesundheitlichen Gründen musste der Kapitän, der in einem kleinen Dorf nahe Kiel lebt, seine geliebte Seefahrt vor einigen Jahren aufgeben. Als Autor seiner Erinnerungen (u. a. »13 Geschichten aus der Seekiste«, verlageinundsiebzig) ist er in Norddeutschland bekannt.*

53° 51' N ++ 8° 42' E ++ Hafen von Cuxhaven · Fischereipier ++ Deutschland ++ in den sechziger Jahren

HANDTASCHENGESCHWADER

Wenn den Fischern ihre Heuer ausgezahlt wurde, mussten die Ehefrauen hinter dem Zaun warten. Die Männer aber zog es zu »Buckel-Willy« und in die Kneipen der Stadt. Sie liefen davon – und ihre Frauen hinterher.
CHARLY BEHRENSEN über eine Zeit, als den Seeleuten ein »Handtaschengeschwader« auf den Fersen war.

Als junger Mann habe ich nicht verstanden, warum man heiraten soll, um dann, sobald man zurück im Heimathafen liegt, vor seiner Frau davonzulaufen. Ich will nicht sagen, dass sich daran nach einigen Jahrzehnten Eheleben und fünf Kindern etwas geändert hat. Irgendwann aber wurde mir klar: Wenn einem das Handtaschengeschwader von Cuxhaven auf den Fersen war, gab es wenig zu lachen.

Nach dem Einlaufen in Cuxhaven und Löschen der Ladung gingen die Männer zunächst artig nach Hause. Am nächsten Morgen, pünktlich um 11 Uhr, wurde dann die Heuer im Lohnbüro ausbezahlt, gleich an der Pier. Nur Fischer hatten Zutritt zu dem Gelände, das von einer hohen Mauer umgeben war, denn es hatten sich hier schon viele Unfälle ereignet, weil Leute ins Hafenbecken gefallen waren. Die Ehefrauen warteten hinter einem vergitterten Tor, der einzigen Zufahrt. Alle hatten sich fein rausgeputzt, denn es war ein großer Tag, wenn die Heuer ausbezahlt wurde, der Tag, an dem man in der Stadt ausging.

In Nachbarschaft der Lohnstube, etwa zwei Kutterlängen entfernt, befand sich ein kleines Geschäft, eine Mischung aus Kneipe und Kiosk, das von »Buckel-Willi« betrieben wurde. Genau hier begannen die Probleme. »Ich geh' nur mal eben zu Buckel-Willi, eine Zeitung holen« oder »Bin eben bei Buckel-Willi ein Bier trinken«, riefen die Fischer Richtung Tor. Meist blieb es nicht dabei, das wusste jeder.

»Kommst du wohl zurück, du elender Schuft!«, hallte es dann auf der anderen Seite der Mauer – und dann begann ein Wettlauf. Ich habe oft die Seeleute die Pier herunterrennen sehen, und hinter der Mauer ihre Gattinnen. Eben das Handtaschengeschwader. Während die einen ihren Lohn vor allem in Bier investieren wollten, waren die Frauen darauf bedacht, das Einkommen der Familie in Sicherheit zu bringen. Girokonten gab es damals ja nicht – was am Zahltag auf den Tisch kam, musste bis zum nächsten Fang reichen.

Den Wettlauf gewann, wer als Erster am Ende der einige Hundert Meter langen Pier ankam, wo eine Fähre für zehn Pfennig auf die andere Seite des Hafenbeckens übersetzte. Dort warteten Taxen, die in den *Seestern* fuhren, in den *Schwäbischen Hof* oder den *Reichsadler*, wie die Pinten damals hießen. Im *Schwäbischen Hof* durfte offiziell von Mitternacht bis sechs Uhr morgens kein Alkohol ausgeschenkt werden, aber das machte keinen Unterschied. Für den Fall, dass die Polizei mal kontrollierte, standen immer ein paar Tassen Hühnerbrühe auf den Tischen, zur Tarnung.

Jede Fischdampferbesatzung hatte eine andere Stammkneipe: Die Männer der *Stuttgart* zum Beispiel tranken in der *Börse*, die Crew der *Konstanz* im *Bahnsteig 4*. In der Regel blieben etwa 48 Stunden, bis die Trawler wieder ablegten. Es waren immer schöne Stunden, weil endlich einmal Zeit war, miteinander zu schnacken. Während der Wochen auf See war meist so viel zu tun, dass man gar nicht dazu kam.

Einige Fischer hatten sehr hartnäckige Frauen geheiratet. Wenn die Gattin dann in der Kneipe auftauchte, bewies sich die wahre Solidarität der Seeleute. Der Betroffene versteckte sich unter einem Tisch – und die anderen spielten Komödie.

»Habt ihr Gert gesehen?« Allgemeines Kopfschütteln. »Nee, der war heute noch gar nicht hier.« Lautes Rufen in die Runde: »Hat jemand Gert gesehen? – Schade, da können wir leider nicht helfen.«

Nach der Entwarnung – »Gert, deine Olsch ist weg!« – tauchte der vermisste Fischer dann wieder auf. Weil mancher nicht nur eine hartnäckige, sondern auch clevere Frau geheiratet hatte, tappte er in die Falle. Kluge Frauen warteten nämlich nur kurz hinter der Hausecke, um dann nach einem Blick durchs Fenster mit einem triumphierenden Gesichtsausdruck zum Tresen zu marschieren und den Gemahl abzuführen.

Wer nicht irgendwelche Verpflichtungen hatte, blieb bis kurz vor Auslaufen gleich in der Kneipe. Um sieben Uhr ablegen bedeutete, dass die meisten Kneipen um kurz nach sechs schlossen. Was keinerlei Auswirkung auf die Arbeitsmoral der Mannschaft hatte. Auch wenn in der Nacht zuvor manchmal etwas zu Bruch gegangen war, weil etwa ein Heizer der *Stade* eine Nachhilfestunde in Französisch als Anlass für einige Ohrfeigen sah und während der anschließenden Massenschlägerei der Wirt des *Bahnsteig 4* seine eigenen Stühle auseinanderriss, um besser zulangen zu können – die Männer arbeiteten tadellos, das gehörte zum Ehrenkodex.

In mehr als vier Jahrzehnten auf See habe ich wirklich manches erlebt, aber die verrückteste Geschichte (und die mit den dümmsten Dieben) spielt im Sommer 1966 in der Hafenstadt Stornoway auf Lewis, einer Insel im Nordatlantik, vor der Westküste Schottlands. Wir waren dort mit dem Heckfänger *Hottenau* eingelaufen, weil eine Winde kaputt gegangen war. Eine Routinereparatur, der Monteur kam schnell mit seinem Kastenwagen, und ich saß im Sonnenschein auf der Brücke. Am nächsten Morgen sollten wir wieder auslaufen.

Auf der Pier hielt ein Auto, und eine Frau mittleren Alters stieg aus und eilte an Deck. Wenige Minuten später klopfte es an der Tür. Vor mir stand ein aufgebrachter Monteur. Er schnaubte:

»Kapitän, ich stelle hiermit die Arbeit ein!«

»Was ist denn los?«, fragte ich.

»Zwei Männer ihrer Crew haben mein Auto geklaut.«

Ein Blick aus dem Fenster bestätigte, dass der Kastenwagen, ein Citroën, nicht mehr auf seinem Parkplatz stand. Die Frau des Monteurs berichtete, dass sie mit ihren Kindern in der Stadt einkaufen war, als sie den Wagen entdeckte. Sie fragte sich, was ihr Mann in der Stadt suchte, dann sah sie, dass der Wagen hielt – und dann rückwärts mit einiger Fahrt gegen eine Hauswand knallte. Zwei Männer stiegen aus und gingen seelenruhig davon.

Inzwischen waren die Männer von der Polizei festgenommen worden und saßen in den zwei Zellen der örtlichen Polizeistation. Ein Kerl aus Berlin und einer mit Glatze, der gerade von der Fremdenlegion zu uns gekommen war. Nachdem ich den Monteur so weit beruhigt hatte, dass er seine Reparatur beendete, besuchte ich die beiden Übeltäter, um ihnen zu versichern, dass wir sie nicht alleine ließen – und um ihnen klarzumachen, dass sie auf weitere Eskapaden im Gefängnis verzichten sollten.

Die Zeit drängte. Wir mussten endlich raus auf See, und der nächste Tag war ein Sonntag, was auf den calvinistischen Hebriden noch etwas strenger gesehen wird als sonst wo. Die montierten sonntags sogar die Schaukeln auf den Spielplätzen ab, aber dies sei nur am Rande erwähnt. Um aber das Verfahren zu beschleunigen, versuchte ich, den Richter aufzutreiben, was mir am Nachmittag auch gelang. Er war Angeln gegangen und meinte, er könne auch am Montag leider nicht urteilen: »Bank Holiday«, ein Feiertag. Ich berichtete vom Schiff, von der Crew, dem Ärger, dem Verdienstausfall und schließlich willigte er ein: »Also gut, Montag früh um zehn.«

Kaum hatte der Prozess begonnen, standen wir schon vor dem nächsten Problem. Ich sollte das Geschehen für den Berliner ins Deutsche übersetzen, aber der Staatsanwalt hielt mich für »befangen«. Es musste also rasch ein Dolmetscher her. Unsere Anwältin meinte, sie kenne eine deutsche Hausfrau, gerade zugezogen aus Erlangen. Wir fuhren sofort hin. Sie nahm den Braten aus dem Herd, kam mit und übersetzte.

In der Verhandlung kam es zu einer recht lustigen Szene, als sich die Frau des Monteurs empörte, die Angeklagten seien nicht einmal davongelaufen, nachdem sie die Delle ins Auto gefahren hatten – immerhin war ein Schaden von umgerechnet 2000 Mark entstanden, damals viel Geld. »Warum sollten wir den rennen? So schlimm war das doch gar nicht!«, meinte der ehemalige Fremdenlegionär. Sie hätten eben nur einen kleinen Ausflug machen wollen, weil der Schlüssel doch steckte.

Die Angeklagten wurden dazu verurteilt, die Kosten der Reparatur zu übernehmen sowie eine Strafe von 700 britischen Pfund zu zahlen. Dass sie fünf Jahre lang in Großbritannien kein Auto fahren durften, schmerzte sie wohl weniger. Unser Makler legte die Strafe aus, die den beiden Schwarzfahrern selbstverständlich vom Lohn abgezogen wurde, und dann ging es im Eiltempo zum Hafen.

Wir wollten gerade ablegen, als die Polizei mit Blaulicht an der Pier vorfuhr. Was war denn nun schon wieder? Die Beamten stellten eine leere Flasche *Hansen Rum* auf den Tisch, eines der beliebtesten Getränke an Bord. »Haben Sie die Flasche vorgestern dem Hafenmeister gegeben?«, fragte mich einer der Polizisten.

»Ja, das war ein Geschenk«, entgegnete ich.

»Der Mann hat diese Flasche ausgetrunken und danach Teile der Wohnungseinrichtung aus dem Fenster geworfen. Aus dem dritten Stock, auf die Hauptstraße.« Eine Pause entstand, die Polizisten schauten finster.

»Laufen sie in nächster Zeit besser nicht Stornoway an.«

Ein Rat, den ich sehr gerne beherzigt habe. ⚓

Kapitän Charly Behrensen, *1938 in Cuxhaven geboren, stammt aus einer Fischerfamilie. Sein Vater und drei Brüder fuhren ebenfalls zur See – sein Bruder Uwe, ein Matrose, starb, als er über Bord ging. 1963 machte Behrensen sein Kapitänspatent. 43 Jahre lang verbrachte Behrensen auf dem Meer. Er hat fünf Kinder und lebt in Cuxhaven.*

40° 30' N ++ 41° 20' W ++ auf dem Nordatlantik ++ Stückgutfrachter „MS Göttingen" ++ im August 1958

FAMILIENTREFFEN IM NORDATLANTIK

Kein Wind, kein Seegang, nichts los, und auf der Brücke des Frachters »Göttingen« mit Kurs New York herrscht eine träge Langeweile.
Bis CURT »KUDDEL« KLEWS durch das Fernglas ein Kreuzfahrtschiff entdeckt – und den Namen entziffert.

Ich habe meinen Vater einige Male getroffen, wenn wir im gleichen Hafen lagen. Im karibischen Curaçao konnte ich als Dritter Offizier großen Eindruck schinden, weil mir mein Kapitän eine Barkasse zum Übersetzen bereitstellte und mit den Worten »Klews, ziehen Sie sich mal anständig an!« verordnete, unsere weiße Ausgehuniform zu tragen – ich sah aus wie ein Admiral im Kleinformat. Mein Vater arbeitete als »Chief Steward« auf großen Kreuzfahrtschiffen, als eine Art Hoteldirektor; wie übrigens schon Großvater, der Kaiser Wilhelm I. betreute, wenn der die Kieler Woche besuchte. Das Bild von Opa mit dem Kaiser bewahre ich bis heute auf.

Aber nun zur eigentlichen Geschichte: Im August 1958 hatte ich mich mit meinem Vater in New York verabredet. Ich war damals Erster Offizier auf der *Göttingen*, einem Stückgutfrachter, der im Pendeldienst von Europa nach New York fuhr. Mein Vater sollte auf der Reise von Genua in Amerika eintreffen. Ich freute mich sehr darauf, mit ihm in den Bars von Brooklyn ein paar Drinks zu nehmen, denn wir hatten uns seit mehr als einem Jahr nicht gesehen.

Ungefähr vier Tage vor der geplanten Ankunft liefen wir durch See, so flach und so langweilig wie ein leer gegessener Teller, an einem sonnigen Nachmittag im August. Auf 40° 30′ nördlicher Breite und 41° 20′ westlicher Länge, also ziemlich in der Mitte des Atlantiks, ist es dann passiert. Ich hatte die Wache von vier bis acht. Alles wirklich sehr ruhig, bis der Ausguck ein aufkommendes Schiff meldete.

Einen Kreuzfahrer, der uns wirklich sehr nah kam, auf etwa 500 Meter. Vielleicht langweilten sich die Offiziere auf der anderen Brücke auch. Dann las ich den Namen des Schiffs: Es war die *Atlantik*, Luxusliner der Reederei *Bernstein*.

Das war Vaters Schiff!

Genau hier, mitten in der Mitte des Ozeans? Ich konnte es kaum glauben. Sofort bat ich unseren Funker Zintgraf (den alle an Bord »Graf Zint« nannten), eine Verbindung herzustellen. Man muss bedenken: 1958 gab es noch keine Satellitentelefone, die Kommunikation war noch nicht ganz so einfach. Einige Minuten später hatte ich meinen alten Herrn am Hörer.

»Papa, wie geht's dir?«, fragte ich.

»Gut gut. Mensch Junge, das ist ja schön, deine Stimme zu hören«, rief er. Dann stutzte er. »Aber sag mal: Wieso ist die Verbindung eigentlich so klar?«

»Schau doch mal nach Steuerbord«, antwortete ich. Und dann hörte ich, wie er laut lachte.

In der Zwischenzeit hatte mein Kapitän – eigentlich ein ziemlich verschlossener Kerl, der immerzu eine Sonnenbrille trug – von der Sache erfahren und mich schmunzelnd abgelöst; auch auf der Brücke der *Atlantik* freute man sich offenbar über den unglaublichen Zufall.

Das große Kreuzfahrtschiff, das uns schon fast überholt hatte, verlangsamte nun soweit die Fahrt, dass wir es wieder passierten konnten – und setzte zur Feier des Moments seine Flaggen: die amerikanischen Stars and Stripes und die Farben der Reederei. Wir zogen Schwarz-Rot-Gold auf und dazu die Flagge der Hapag. Dann ging die *Atlantik* auf volle Fahrt und zog an uns vorbei, mit bestimmt 22 Knoten. Dabei ließ man die Fahnen »dippen«, wie man sagt, also zum Gruß herunterziehen.

Ich stand an Deck und kam mir vor wie ein König auf dem Ozean. Auf der anderen Seite winkten hunderte Passagiere an der Reling. Der Kapitän der *Atlantik* hatte eine Durchsage gemacht, die ungefähr so lautete: »Verehrte Reisende. Vater und Sohn treffen sich auf zwei verschiedenen Schiffen mitten auf dem Ozean: Das ist eine Sensation!« Mit einem lang gezogenen Gruß aus unserem Horn verabschiedeten wir uns von der *Atlantik*. Vater und ich feierten das Ereignis ein paar Tage später in den Bars von New York.

Wenn ich heute die Geschichte erzähle, zum Beispiel im *Schellfischposten*, einer gemütlichen, maritim eingerichteten Kneipe am Hamburger Hafen, wo sich ein paar pensionierte Seeleute manchmal zum Pils treffen und alte Storys austauschen, denkt manch einer bestimmt, ich spinne Seemannsgarn. Ausgerechnet dort, wo das Wasser so riesengroß ist, treffe ich durch Zufall meinen Alten? Das ist wirklich kaum zu glauben. ⚓

Kapitän Curt »Kuddel« Klews, *1923 in Hamburg geboren, stammt aus einer alten Seefahrerfamilie. Als er gleich auf seiner ersten Reise an Bord des Schulschiffs* Deutschland *in Seenot geriet, kamen ihm Zweifel an seinem Berufswunsch. Klews machte weiter und legte 1955 sein Kapitänspatent ab. Hauptsächlich fuhr er für die Reederei Hapag. Kuddel Klews lebt in Hamburg.*

GLOSSAR

achtern hinten auf einem Schiff

Agent Schiffsmakler (siehe: Makler)

auf Reede außerhalb des Bestimmungshafens vor Anker liegen

Aufbauten alles, was in voller Schiffsbreite über das Hauptdeck eines Schiffs hinausragt

aufbrisen wenn der Wind an Stärke zunimmt

aufgeien die Segel zusammenziehen, um Fahrt aus dem Schiff zu nehmen

Back 1. Esstisch auf einem Schiff; 2. Aufbau auf dem Vorschiff

Backbord in Fahrtrichtung links

Barkasse 1. Hafentaxi;
2. größeres Beiboot auf einem Passagierdampfer oder Marineschiff

Beaufort, Bft Maß für die Windgeschwindigkeit

0 Bft	Wind < 1km/h	Windstille, spiegelglatte See
1 Bft	1 – 5 km/h	leiser Zug, leichte Kräuselwellen
2 Bft	6 – 11 km/h	leichte Brise, schwach bewegte See
3 Bft	12 – 19 km/h	schwache Brise, Schaumbildung beginnt
4 Bft	20 – 28 km/h	mäßige Brise, leicht bewegte See
5 Bft	29 – 38 km/h	frische Brise, mäßig bewegte See, Wind deutlich hörbar
6 Bft	39 – 49 km/h	starker Wind, grobe See
7 Bft	50 – 61 km/h	steifer Wind, sehr grobe See
8 Bft	62 – 74 km/h	stürmischer Wind, hohe See
9 Bft	75 – 88 km/h	Sturm, hohe See, Brecher beginnen sich zu bilden
10 Bft	89 – 102 km/h	schwerer Sturm, sehr hohe See, schwere Brecher
11 Bft	103–117 km/h	orkanartiger Sturm, außergewöhnlich schwere, brüllende See
12 Bft	>118 km/h	Orkan, außergewöhnlich schwere, völlig weiße See, wegen Schaum und Gischt keinerlei Sicht

Bilge tiefste Stelle im Kiel des Schiffs, in der sich Leck- und Schmutzwasser sammelt

Bootsmann 1. Dienstgrad bei der Marine (entspricht dem Feldwebel); 2. Rang auf Handelsschiffen, der dem »Meister« an Land entspricht

Brücke Fahrstand des Schiffs, von dem aus der Kapitän das Schiff führt

Brückennock äußerste Enden der Brücke an Back- und Steuerbord, häufig mit einem separaten Fahrstand ausgestattet; von hier aus werden Anlegemanöver gefahren

Bug vorderes Schiffsende

Bugstrahlruder elektrisch angetriebener Propeller im Vorschiff, der das Manövrieren des Schiffs beim Anlegen oder auf engem Raum erleichtert

Bulkcarrier Frachtschiff für Massengut (zum Beispiel Erz, Kohle, Getreide)

Bullauge rundes Fenster im Schiff

Butterfahrt Einkaufsfahrt außerhalb der Zollgrenzen, bei der früher Artikel billiger – weil steuerfrei – eingekauft werden konnten

Chief leitender Ingenieur

Container Normbehälter für Frachtgüter

Containerfrachter Spezialschiff für den Transport von Containern

Dampfer 1. Schiff, das durch eine Dampfmaschine oder Dampfturbine angetrieben wird; 2. umgangssprachlich für »Schiff«

DGzRS Deutsche Gesellschaft zur Rettung Schiffbrüchiger

Dünung Wellen, die der Wind angeschoben hat

durchkentern seitliches Umkippen eines Schiffs, so dass es kieloben liegt; gewichtsstabile Schiffe wie Kielsegeljachten oder auch die Rettungskreuzer der *DGzRS* können sich nach einer solchen Kenterung wieder aufrichten.

Eisscheinwerfer lichtstarker Strahler zum Ausleuchten der Fahrtroute bei Nacht im Eis

Erster Offizier Stellvertreter des Kapitäns

Fender Prallschutz, der die Berührung zwischen Schiff und Kaimauer abfedert

fieren Kette oder Leine kontrolliert auslaufen lassen

Frachter Schiff zur Beförderung von Ladung

Gangspill Winde zum Aufholen des Ankers

Gangway Steg, der Schiff und Land verbindet

Gordinge Tau zum Zusammenbinden gerefter Segel

Grundseen kurze, steile und überbrechende Wasserwelle, deren Wellental bis auf den Grund reicht; durch Aufwühlen des Meeresgrunds ist die Welle mit Sand durchsetzt

Havarie Unfall eines Schiffs

Heckfänger Trawler mit einer Rampe im Heck, über die Netze leichter an Bord gezogen werden können

Heuer Lohn eines Seemanns

Heuerbass Arbeitsvermittler für Seeleute

Hol In der Hochseefischerei der gesamte Arbeitsgang vom Aussetzen bis zum Einholen des Netzes

Hurrikan tropischer Wirbelsturm im Atlantik mit einer Stärke von 12 Beaufort und mehr (siehe auch: Taifun)

Kabbelung kabbelige See; ungleichmäßig bewegte Oberfläche des Meeres, ausgelöst durch einander entgegengesetzte Wind- oder Wasserströmungen, die aufeinandertreffen

Kabelgatt Lager für Taue und Farben auf dem Schiff

Kajüte Wohn- und Schlafraum an Bord

Kaleu Kapitänleutnant, Dienstgrad bei der Marine

Kalmen windstille Gebiete im Bereich des Äquators

kapern ein Schiff entern und mit Gewalt übernehmen

Kladde Notizbuch

Knoten Einheit für die Geschwindigkeit in der Seefahrt
1 Knoten = 1 Seemeile in der Stunde = 1,852 Kilometer pro Stunde

Kofferdamm leerer Zwischenraum, der beispielsweise Trinkwasser- und Treibstofftanks sicher voneinander trennt

Koje Bett auf einem Schiff

Kombüse Schiffsküche

Kreiselkompass Alternative zum Magnetkompass; das Prinzip ist ein schnell drehender Kreisel, der sich in einer speziellen, reibungsarmen Aufhängung parallel zur Erdoberfläche ausrichtet und Richtungsänderungen anzeigt

Kreuzmast hinterer Mast eines dreimastigen Segelschiffs

Küstenmotorschiff abgekürzt Kümo, kleiner Frachter für die Küstenschifffahrt

Ladebaum Kranarm zum Heben von Lasten auf Frachtern

laschen bewegliche Gegenstände an Bord festzurren

Laschstangen Verbindungsstücke, die Container an Deck sichern

Lash-Carrier Lash-Frachter; *Lash* ist das Akronym für »Lighter aboard ship« – der große Bruder des Containers – ein Lastkahn, der vom Lash-Carrier komplett an Deck gehievt wird

Lee die windabgewandte Seite des Schiffes

Liek die verstärkte Kante eines Segels

Linienfrachter Frachter, der regelmäßige Verbindungsstrecken fährt

löschen ein Schiff entladen

Lotse Nautiker mit detaillierter Ortskenntnis, der auf schwierig zu befahrenden Gewässern als Berater des Kapitäns an Bord kommt

Luke verschließbare Öffnung im Schiffsdeck

Luv die windzugewandte Seite des Schiffs

Makler Manager, der alle Geschäftsbeziehungen zwischen Kapitän, Reederei, Spediteuren und Behörden abwickelt

Mannschaftsmesse Kantine für die Crew auf einem Schiff

Mast Rundholz oder Metallrohr; auf Frachtern ein Teil des Ladebaumsystems, auf Seglern trägt der Mast die Querstreben, an denen die Segel befestigt sind

Matrose Arbeiter auf einem Schiff; bei der Bundesmarine bezeichnet »Matrose« den untersten Mannschaftsdienstgrad

Mayday Seenotruf im internationalen Funkverkehr

Messe Kantine auf einem Schiff

Meuterei Aufstand, Streik an Bord

Moses jüngstes Crewmitglied an Bord, Schiffsjunge

MS Motorschiff; meist mit einem Dieselmotor angetriebenes Schiff

Neptun römischer Gott des Meeres

Nordergründen Seegebiet in der Deutschen Bucht, Bereich Elbmündung, das wegen Untiefen und Grundseen als gefährlich gilt

Ölzeug wasserdichte Bekleidung für Seeleute

Orkan Sturm der höchsten Windstärke

Passatwind gleichmäßiger tropischer Wind, auf der Nordhalbkugel weht er aus Nordost, auf der Südhalbkugel aus Südost

Peildeck Deck über der Brücke, auf dem ein Magnetkompass steht, den jedes Schiff mitführen muss für den Fall, dass der Kreiselkompass ausfällt

Peilung die Bestimmung einer Richtung mittels Kompass; mit einer Kreuzpeilung – der Peilung mindestens zweier bekannter Landmarken – lässt sich die Position bestimmen

Pier Anleger für Schiffe

Rahe am Mast waagerecht angebrachter Querträger, an dem die trapezförmigen Rahsegel befestigt werden

Reederei Schifffahrtsgesellschaft

auf Reede liegen Ankern vor einem Hafen

Reling Geländer auf einem Schiff

Roaring Forties die »brüllenden 40«, die Regionen der Westwinddrift zwischen 40° und 50° südlicher Breite, in denen anhaltende Stürme aus West vorherrschen

rollen schlingern, schaukeln; die Drehbewegungen eines Schiffes um seine Längsachse und Querachse

Rudergänger Matrose, der das Ruder bedient

S.O.S. internationales Seenotzeichen; die Buchstabenfolge S.O.S., Abkürzung für »save our souls« (rettet unsere Seelen) oder »save our ship« (rettet unser Schiff); Ursprung war eine einprägsame, einfache Folge im Morse-Code: drei kurz – drei lang – drei kurz

Schanzkleid wandartige Fortsetzung der Bordwand über das Deck hinaus

Schiffsjunge oder Moses; der Lehrling an Bord

Schlagseite	Schräglage des Schiffs
Schlepper	starkes, wendiges Schiff, das zum Schleppen und Bugsieren großer Frachter eingesetzt wird
Schleuse	eine Art Fahrstuhl für Schiffe zwischen Gewässern mit unterschiedlichem Wasserstand
Schott	1. Trennwand zwischen den Unterteilungen eines Schiffs; 2. Tür auf einem Schiff
Seenotkreuzer	Spezialschiff für die Rettung auf See; in Deutschland werden diese schnellen, robusten Kreuzer von der Deutschen Gesellschaft zur Rettung Schiffbrüchiger betrieben
Seeschlag	durch Seegang, besonders durch an Deck krachende Brecher, hervorgerufene Kräfte, die Schiff oder Ladung beschädigen und zerstören können
Smutje	Koch auf einem Schiff
Spannschrauben	Schrauben zum Sichern von Ladung (siehe auch: Laschstangen)
Sprotte	schwarmbildende Heringsart; wird bis 16 Zentimeter groß
Steuerbord	in Fahrtrichtung rechts
Steven	vordere und hintere nach oben gezogene Verlängerung des Schiffkiels, Bestandteile des Schiffrumpfs
Taifun	tropischer Wirbelsturm im westlichen Pazifik mit einer Stärke von 12 Beaufort und mehr (siehe auch: Hurrikan)
Takelage	Masten, Segel und Tauwerk eines Segelschiffs
Trawler	Schleppnetzfischer; Schiffstyp für den Fischfang
Trosse	dickes, schweres Seil zum Festmachen oder Schleppen
Untiefen	flaches, gefährliches Gewässer
Vormann	Kapitän eines Seenotkeuzers
vertrimmen	Verteilen der Ladung im Schiff
wassern	zu Wasser lassen
Walkie-Talkie	Sprechfunkgerät
Zeitcharter	Miete eines Schiffs auf Zeit

Das Wort des Kapitäns ist Gesetz.